近代に描かれた神話の世界

天照大神《あまてらすおおみかみ》と須佐男命《すさのおのみこと》

1908年（明治41）

松本楓湖画／広島県立美術館蔵

記紀を代表する三貴子のうちの二神を隔てる海や雲が、追放後に高天原を訪れたスサノオと武装して待ち受けるアマテラスの緊迫感を現している。

黄泉比良坂《よもつひらさか》

1903年（明治36）

青木繁画／東京藝術大学蔵

黄泉国にイザナミを迎えにいったイザナキは変わり果てた妻の姿に驚き、地上に逃げ帰る。常闇の黄泉国と地上の葦原中国をつなぐ黄泉比良坂で追っ手の醜女を振り払う。右上の明るい部分に描かれているのが地上に戻ったイザナキの後姿。

大《おお》穴《な》牟《む》知《ち》 命《のみこと》

1905年（明治38）

青木繁画／石橋財団石橋美術館蔵

兄神である八十神《やそがみ》に殺されてしまったオオナムチが、高天原のカムムスヒが派遣したキサガイヒメとウムガイヒメの治療によって蘇生する場面を描いた1枚。このあと、オオナムチはオオクニヌシとなり葦原中国を統治し、国つ神の代表的存在となる。

浦島図《うらしまず》

1893–95年（明治26–28）
山本芳翠画／岐阜県美術館蔵

おとぎ話で知られる浦島太郎は、『日本書紀』に初見がある。幻想的な空間のなかに描かれる竜宮城を背景にした浦島太郎、乙姫の一団は、神々の空間を演出しているようにもとれる。

天之八衢《あめのやちまた》

1939年（昭和14）
安田靫彦画／福井県立美術館蔵
高天原から葦原中国に向かう天孫降臨の一行の前に現われたサルタヒコに向きあうアメノウズメの問答の場面。八衢とはいくつかの分かれ道をさす。

木華開《このはなさく》耶《や》姫《ひめ》

1906年（明治39）

石井林響画／千葉県立美術館蔵

コノハナサクヤヒメは記紀に登場する美しい姫で、全国の浅間神社の総本山である富士山本宮浅間大社の祭神としても知られる。絵には一夜に身ごもった姫を疑わしげに覗きこむ夫ニニギノミコトも描かれている。ニニギノミコトが手にする弓矢と銛は、二人の子である山幸彦と海幸彦を象徴している。

歴史新書

神様に秘められた日本史の謎

監修 新谷尚紀
Shintani Takanori

洋泉社

はじめに――死の発見から宗教の誕生へ

なぜ、私たち人間は神さまや仏さまのこと、また死者や先祖の霊魂のこと、さらには自然界の霊異霊妙なことなどを考えてしまうのだろうか。もちろん、そんなことなどいっさい考えない人もいる。日々の生活の中で神仏への信仰を大切にしている人もいれば、現実を重視して唯物論的に思考し行動して、神仏への信仰や霊異霊妙なことなどまったく拒否し否定している人もいる。神仏祈願に熱心な人もいる一方で、そんな想像を軽蔑する人もいる、それが現実である。さて、この小さな本であるが、実は前者のような神仏の存在を考える人のためにだけまとめてみたものではない。むしろ、それを否定する後者のような人たちのこともよく考えてみてまとめてみたものである。さまざまな信仰という現象を、それに密着するのではなく、冷静に歴史の中に追跡してみたのである。

信じるか信じないか、気にするか気にしないか、そのどちらの人にとっても、確かな事実がある。それは神社仏閣、霊山霊場など、人びとの信仰の表象物がたくさん存在しているという事実である。では、それらはいったい何なのか、その根本から考えてみるとよい。歴史と変化を追ってみるのである。すると、それらはみんな自然界に対して私たち人間が働きかけ、長い歴史の中で想像し創造してきたものだということがわかる。そして、それらは長い歴史の変遷の中の一コマとしていまも存在していることに気づく。原初以来不変なものは何ひとつない。みんな時間の流れの中で息づきながら変化している。私たち人間にとっての原初とは何か。その精神史の上からいえば大きな一つの画期は、死の発見であった。

死は事実ではない、概念である、といったのは、霊長類学者の水原洋城である（『猿学漫才』光文社、一九八八）。ニホンザルの観察からわかるのは、彼らが死を理解できていないらしいということである。ニホンザルが仲間の死を目撃したとき、どのような態度をとるか、やはり霊長類学者の伊谷純一郎によれば、サルが群れの中で死体を見る光景は実際にはほとんどないという（「老い――生物と人間」『老いの人類史1　老いの発見』岩波書店、一九八六）。老境に達して運動能力が低下したサルはひとり群れから離れてしまい、孤猿となって死ぬのである。

では、サルたちは目前で仲間の死を目撃したらどうするだろうか。そんな稀有な瞬間に立ち会った水原さんによれば、結局、死体は置き去りにされたという。また、時々目撃されて感動を呼んでいる死んだ子ザルの遺骸をいつまでも手にして持ち歩きつづける母親ザルの行動も、実際には子ザルの死が理解できない母親ザルの行動にすぎないのだという。

ところが、霊長類の中でもとくに私たちホモサピエンスは、その進化の過程で、いつの時代にか死を発見した。アフリカ大陸で発見されたいまから約三万七千年から三万五千年くらい前の化石人骨には赤色マーカーが塗られていたり装飾具が副えられていた（海部洋介『人類がたどってきた道』ＮＨＫ出版、二〇〇五）。その個体はすでに死を認識していた人たちによって葬られた可能性が高い。経験と学習から理解が導かれる。理解するということは言語化すること、概念化することである。概念は言語によって共有される。そして、死の認識の共有は死者と死体への具体的な対応をうながす。死が所与の生理や本能ではなく、発見された文化であるからこそ、それぞれの社会や文化によって、土葬、火葬、風葬、水葬、鳥獣葬などさまざまな方法が生み出されてきているのである。

死の発見は、ホモサピエンスに絶望的な恐怖とともに、精神世界のビッグバンをもたらした。生と死の認識、つまり霊魂観念と他界観念の発生である。それは宗教の誕生であった。宗教の誕生は宗教者＝原初の王を生み出し、その必携聖具としての貨幣を生み出した（新谷「民俗学の王権論」『支配の古代史』学生社、二〇〇八）。死を発見したホモサピエンスは、肯定しようが否定しようが、否応なく霊魂や他界のことを考えてしまう種となってしまった。だから世界中のどんな社会に行っても霊魂的な装置の存在しない社会はない。それぞれの社会が概念として共有している霊魂観念にもとづく宗教的な装置が設営されているのである。

日本の歴史の中に創造され伝承されてきている神さま仏さまのありかたは実に多様であり複雑である。しかし、いずれも死を発見した人間が想像し創造してきた存在であり、その歴史的な追跡と整理は可能である。第一には、古代の動向の整理が重要である。（一）古代日本の神々への信仰とその伝承。（二）中国から伝来した陰陽五行《いんようごぎょう》の思想や道教《どうきょう》の信仰などの受容とその消化と醸成。（三）古代インドで生まれ中国に伝えられてそこで醸成され、六世紀半ば以降に韓半島を経て日本に請来され、またその後も七世紀から九世紀までの遣唐使に随行した僧侶たちによって請来された圧倒的な仏教信仰。そうして、日本の古代社会において大きな奔流となっていったのが、これら、日本の神祇《じんぎ》信仰、中国伝来の陰陽五行信仰、インド発中国経由で中国醸成の仏教信仰、という三つの併存混淆状態であった。しかし、この三本混じりの奔流はそのまま中世世界を流れていったわけではなかった。したがって第二に重要なのが、中世神祇信仰の複雑奇妙な動態についてである。神祇信仰も古代のままではなかったし、陰陽五行信仰も卜占《ぼくせん》や防疫《ぼうえき》や呪術の信仰として中世的な進化を遂げていった。仏教信仰もその顕密《けんみつ》体制の根底を維持しながらも新たな宋学《そうがく》禅宗の伝来や新仏教諸宗派の旺盛な活動によって大きく動揺しまた活性化していった。律令《りつりょう》制の動揺から荘園制へという古代国家の転換が、神さま仏さまの信仰世界にも大きく響きあっていたのである。武家政権の誕生と大陸貿易の活発化は、新たな中世的神仏信仰や霊異霊妙信仰を生み出していった。祇《ぎ》園天神《おんてんじん》や牛頭天王《ごずてんのう》、毘沙門天《びしゃもんてん》や大黒天《だいこくてん》、泰山府君《たいざんふくん》や新羅明神《しんらみょうじん》などなどさまざまな中世の神仏霊異の信仰が展開した。そして、社会の安定化する近世には近世の神さま仏さまが流行し、近代国家の誕生はまたその時代に応じた神さま仏さまへの信仰を生んだのである。

本書は、そのような複雑怪奇でこれまで理解が難しかった日本の神さまとその信仰の変遷について、歴史を追いながらわかりやすく読み解いてみたものである。神さまが仏さまであったり、仏さまが神さまであったり、神とも仏ともつかないような霊威の激しい異様な信仰対象がさまざまに数多かったり、それこそが日本の信仰伝承の特徴である。そして、それらを読み解きながら不思議に思えてくるのは、強力な混成混淆の状態なのに、(一)神祇信仰、(二)陰陽五行信仰、(三)仏教信仰、それらが混合融合してしまって元の形や中味をなくしてしまっているわけではない、ということである。いわば、あくまでもミックスサラダであってミックスジュースにはなっていないというところが特徴である。

そして、信仰や宗教という現象は、その一般的傾向性としてこのミックスサラダ論がよくあてはまるのである。たとえば、フランスのブルターニュ地方の民俗調査でそのような事例を数多く観察した私たちはそれを一つの結論としたことがある（『ブルターニュのパルドン祭り――日本民俗学のフランス調査』悠書館、二〇〇八）。パルドン祭りとかトロメニと呼ばれる伝統行事がキリスト教カトリックの教会や聖堂を舞台に行なわれるのであるが、その祭礼の構成要素の中には、聖水・聖火・聖石・聖木のたぐいを崇拝する土地ごとの民俗信仰がそれなりに取り入れられている。楢《なら》の大木の皮を削り取って火難除けのお守りとしたり、若い女性が大きな岩石に腰かけて子授けを祈ったり、カトリックの教義に反するような信仰が伝えられている。そんな光景を前にして、神父さんたちは苦笑いをしながらも黙認している例が多い。むしろ、それらの民俗信仰の個々の要素が、キリスト教カトリックの伝統行事の中に組み込まれたおかげで、その場で伝承の力を逆に得てしまい、長い歴史の経過の中でもその伝承の生命力を維持しているという結果となっているのである。

　日本の神さまについて、仏教や陰陽五行信仰との関係をふまえつつ歴史を追って紹介したこの小さな一冊がきっかけで、日本と世界との比較の視点を含みながら、日本の歴史と文化と神さまについての研究がますますさかんとなっていくことになれば望外の幸せである。

新谷尚紀

神様に秘められた日本史の謎　目次

第1章　記紀神話に隠された謎

第2章

古代編

神祇・陰陽五行・仏教の混合

第3章 中世・近世編

武士の世における神様の役割

第4章 近代・現代編

新たな信仰の登場

資料編

第1章

記紀神話に隠された謎

Q1 「神様」は存在するのか？

◆神は目には見えない「かしこきもの」

深閑とした神社にひとり詣でたとしよう。そして拝殿で手を合わせ、深々と頭を下げたとき、不意に風が吹き起こり、樹々が揺らいでざわざわと鳴った。——そんなとき、「神」の気配を感じるだろうか？

「神」という漢字は雷光を表す「申」に祭壇を意味する「示」を付したもので、人知を超えた霊威のあらわれをさしたが、日本では古来、この字を「カミ」と読んできた。カミの語源については江戸時代以来さまざまに論じられ、有名なものに、「上《かみ》」の意とするものがある（新井白石《あらいはくせき》、貝原益軒《かいばらえきけん》ほか）。しかし、この説は、現在では言語学的見地から否定されている。カミ＝神のミと、カミ＝上のミは、古代では発音上区別されていたことが、万葉仮名の使い方を丁寧に調べることでわかってきたからだ。

このような事情もあって、**カミ＝神の語源を正確に探り当てることは、非常に難しいと考えられている。**

では、「神《かみ》」という日本語のもつ意味は、どう定義されてきたのだろうか。江戸時代中期の国学者・本居宣長《もとおりのりなが》はこう記す。「神とは、古典に見える天地の諸神、それを祀る神社に坐《いま》す御霊《みたま》をいう。また、人はもちろん、鳥獣草木の類や海山など、その他何であれ、尋常ではなく優れた徳があり、畏怖を抱かせるものを、神というのだ（可《か》畏《し》き物を迦《か》微《み》とは云《い》なり《ふ》）」（『古事記伝』三之巻）。

これは日本の神の的確な定義としてよく挙げられるが、批判の余地がないわけではない。宣長は自然界のものであっても「可畏き物」であれば神だというが、われわれが山や木を神として仰ぐ場合、山や木という物そのものが神なのではなく、山や木には神の霊が宿っているのであって、神自体は目に見えないと考えるのが一般的な感覚ではないだろうか。つまり、「神は不可視の存在」というのが、古来日本人に普遍的にみられる観念なのだ。そして、神は原則として人間と直接はコミュニケーションをとらず、託宣《たくせん》（人に憑依《ひょうい》する）や夢告といった形で意思を伝える。神があえて可視的

◎「神」観念の発生

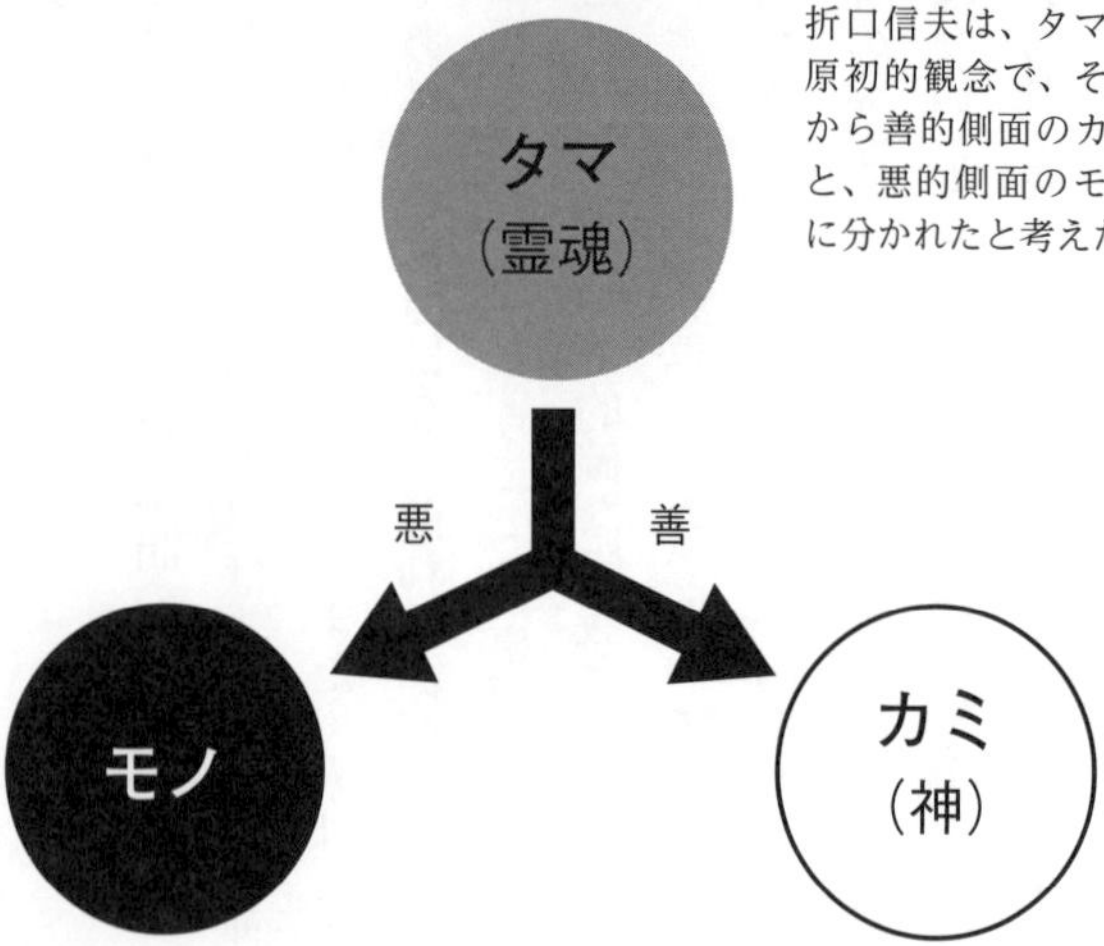

折口信夫は、タマが原初的観念で、そこから善的側面のカミと、悪的側面のモノに分かれたと考えた。

に出現することは、示現《じげん》または影向《ようごう》と呼ばれ、神異の現象として畏れられたのである。

◈「祟り」という神の本質的属性

古代において神と類似した霊的存在をさす語に、タマ（霊魂）、モノ（「もののけ」という場合のモノ）がある。独自の古代学を切り拓いた折口信夫《おりくちしのぶ》は、タマが原初的観念で、次にタマに善悪二面があると考えられるようになり、善い部分がカミ（神）、邪悪な部分がモノとして考えられるようになったと説いている（「霊魂の話」）。

そして、「神」の基本的属性として忘れてならないものに、「神は祟《たた》る」がある。人間が禁忌を犯したり、何らかの規範を破ったりすると、神は疫病や天変地異という形で人間に災いをもたらす。これが「祟り」である。ただし、「祟り」というと現代人は「神の怒りの表現」としてネガティブにとらえがちだが、日本民俗学の創始者である柳田國男《やなぎたくにお》によれば、「祟り」はタツなどと同系の語で、もとの意味は「現れる」であり、神憑《かみがか》りの最初の状態をさしたものだったと考えられるという(「みさき神考」)。つまり、神がその意思を人間に表現することが祟りで、災厄とか罰という意味は後世に付加されたものだというのだ。

そして、このような神々を地上世界に招き、供物《くもつ》を捧げて神威を仰ぐ行為が、祭り=祭祀であり、祭りを行う場所が神社なのである。

はたして神は存在するのか、それとも存在しないのか——それは信仰の次元の問題になってくるだろう。だが、以下のページで示すように、見えざる「神」を敬い、畏《おそ》れ、祀ることが、日本の歴史の原動力になってきたことは事実であり、そしてまたおそらく、その状態は今もなお続き、これからも続いてゆくのである。

Q2 記紀神話の原初神はなぜ影が薄いのか？

◆『古事記』と『日本書紀』が日本神話の原典

日本でいつから神が信仰されるようになったのか、それは確かめようがないが、古墳時代前期の四世紀には、奈良県の三輪山《みわやま》の麓で神を祀る原始的な祭儀が行われていたことがわかっている。これと並行して、神々をめぐる物語や伝説が語り部《かたべ》たちによって紡《つむ》がれるようになり、それは神話として口承されていった。やがてそれが文字化され、書物としてまとめられるようになる。こうして誕生したのが、奈良時代のはじめに朝廷によって編まれた『古事記《こじき》』（七一二）と『日本書紀《にほんしょき》』（七二〇）で、日本神話の文献としてはこれらが現存最古のものである。

以下、本章では、まず記紀神話を手掛かりにして、そこに記された神々の背後に見え隠れする、古代史の謎を探ってみることにしよう。

◎記紀神話の原初神の系譜

【古事記】

別天神五柱

天之御中主神《あめのみなかぬしのかみ》 — 高御産巣日神《たかみむすひのかみ》 — 神産巣日神《かむむすひのかみ》 — 宇摩斯阿斯訶備比古遅神《うましあしかびひこじのかみ》 — 天之常立神《あめのとこたちのかみ》

神世七代

- 一代 国之常立神《くにのとこたちのかみ》
- 二代 豊雲野神《とよくものかみ》
- 三代 宇比地邇神《うひじにのかみ》　須比智邇神《すひちにのかみ》
- 四代 角杙神《つのぐいのかみ》　活杙神《いくぐいのかみ》
- 五代 意富斗能地神《おおとのじのかみ》　大斗乃弁神《おおとのべのかみ》
- 六代 於母陀流神《おもだるのかみ》　阿夜訶志古泥神《あやかしこねのかみ》
- 七代 伊耶那岐神《いざなきのかみ》 ＝ 伊耶那美神《いざなみのかみ》

天照大御神

【日本書紀(本文)】

神世七代

- 一代 国常立尊《くにのとこたちのみこと》
- 二代 国狭槌尊《くにのさつちのみこと》
- 三代 豊斟渟尊《とよくむぬのみこと》
- 四代 埿土煑尊《うひじにのみこと》　沙土煑尊《すひじにのみこと》
- 五代 大戸之道尊《おおとのじのみこと》　大苫辺尊《おおとまべのみこと》
- 六代 面足尊《おもだるのみこと》　惶根尊《かしこねのみこと》
- 七代 伊奘諾尊《いざなきのみこと》 ＝ 伊奘冉尊《いざなみのみこと》

天照大神

※別天神五柱、神世七代は、それぞれ親子・兄弟関係にあるわけではない。記紀には、各神が、ただこの順番で天地に化成していったと記されている（天照大御神、天照大神は神世七代に含まれない）。

◆神話の原初神は宮廷人が創案した観念的な神か

「天と地ができたばかりの頃、天上世界である高天原《たかまのはら》にいちばん最初に出現したのは天之御中主神《あめのみなかぬしのかみ》であり、続いて高御産巣日神《たかみむすひのかみ》、神産巣日神《かむむすひのかみ》が出現した。しかし、この三柱の神々はみな配偶者のいない独神《ひとりがみ》であったので、身を隠してしまった」。

これが『古事記』本文の冒頭の記事であり、『古事記』の創世神話で最初に登場する神は、アメノミナカヌシである。アメノミナカヌシにはじまる最初の五神を別天《ことあまつ》神《かみ》といい、その後に神世七代《かみよななよ》が続く。

一方、『日本書紀』神代の本文冒頭をみると、最初の混沌世界から出現した神は国《くにの》常立尊《とこたちのみこと》となっていて、『古事記』とは異なっている。ただし、『日本書紀』には「一《ある》書《ふみ》」と呼ばれる異伝が各所に挿入されていて、冒頭箇所のその一書のひとつに、高天原に所生した神としてアメノミナカヌシ（天御中主尊《あめのみなかぬしのみこと》）の名が挙げられている。ちなみに、『古事記』では、クニノトコタチは、アメノミナカヌシから数えて六番目に出現した神（国之常立神《くにのとこたちのかみ》）として言及されている。つまり、おそらくアメノミナカヌシとクニノトコタチは、本来はそれぞれ別系統の伝承に属していたのだろう。

アメノミナカヌシは「天の中央に存在して支配する神」を意味し、名義からすれば日本神話の最高神であってもおかしくはないが、記紀にはこの神の事績は記されておらず、古社にこの神を祀ったものは見当たらない。また、『古事記』でこの神と相次いで高天原に出現した高御産巣日神と神産巣日神は宮中に祀られたが、アメノミナカヌシにはその形跡はない。したがって、アメノミナカヌシは日本古来の信仰から生まれた神ではなく、「天」を重んじる古代中国の道教《どうきょう》思想の影響を受けて創出された神にすぎないという説が有力である。中国からの借り物というわけだ。

また、天武《てんむ》天皇の発案ではじまった『古事記』編纂の過程で、皇祖神アマテラスに至るまでの神々の系譜が意図的に長くされていった結果、親のいない、これ以上さかのぼりようのない神として創出されたのが、アメノミナカヌシだったという見方もある。系譜を長くみせることで、天皇家の由緒正しさが示せると考えられたからだという（山田永『「作品」として読む古事記講義』）。ということは、**アメノミナカヌシは宮廷人の頭が編み出した、きわめて観念的な神であるということができよう。**クニノトコタチも冒頭以外は記紀に登場しない。この神もまた、高度に観念的な神なのだろう。

Q3 イザナキは神生みを終えると海の祟り神になった?

◈淡路の海人たちに信奉された海洋神

記紀神話でクニノトコタチを先頭に次々に出現した神々を神世七代《かみよななよ》というが、その最後である七代目が、イザナキ・イザナミの夫婦神である。

二神は天《あま》つ神《かみ》の命を受けてオノゴロ島に天降り、国生み・神生みを行う。こうして生まれたのが皇祖神アマテラス(天照大御神《あまてらすおおみかみ》、天照大神《あまてらすおおみかみ》)である(『古事記』では父神イザナキの禊《みそぎ》によって生まれたことになっていて、イザナミは直接は無関係)。イザナキ・イザナミが実質的には創造神であり皇祖神の親神であることは、一見するとこの神が皇室とゆかりの深い神である印象を与える。

しかし、『日本書紀』では、神代よりはるか後代にあたる、第十七代履中《りちゅう》天皇の御世になって、イザナキが天皇に祟《たた》る不気味な神として忽然と現れる。

天皇が淡路島《あわじしま》で狩りをしていたところ、イザナキが神官に憑依《ひょうい》して、「血の匂いが臭くて、堪えられない」と託宣した。そこで占うと、供の飼部《うまかいべ》が目尻に入れ墨をしていて、その傷の匂いを神が憎んでいたことがわかった。それで以後、飼部は入れ墨を止めることになった。翌日、空から天皇に「汝の妻は葬《はぶ》り立ちぬ」という不吉な声が浴びせられた。すると急使がやって来て、皇妃の急死を告げた(履中天皇五年九月)。『日本書紀』は、このことを「神の祟り」と表現している。

続く允恭《いんぎょう》天皇十四年九月の条には、天皇が同じく淡路島で狩りをしたとき、「嶋の神」が「明石《あかし》の海底の真珠がほしい」と託宣を発し、男狭磯《おさし》という海人《あま》が深海から真珠をとってきたが、海上に浮かび出たときには彼は息絶えていた。「嶋の神」とはイザナキとみるべきだろう。淡路島にはイザナキの神陵とも伝わる伊弉諾《いざなぎ》神宮がある。

履中・允恭の記事はそのまま正確な史実とは考えにくいが、神話学者の松前健は、**イザナキ・イザナミは淡路の海人が奉じた海洋神がルーツ**で、淡路が朝廷の食料の貢納地となったことから(四世紀~五世紀頃)、朝廷に知られるようになり、記紀神話に取り入れられたのだろうと論じている(『日本の神々』)。

Q4 アマテラスは持統天皇がモデルだった？

◆アマテラスは子ではなく孫を降臨させた

『古事記』神話で、黄泉国《よみのくに》から帰ってきたイザナキが禊《みそぎ》をしたとき、右眼から生まれたのがツクヨミ、鼻から生まれたのがスサノオ、そして左眼から生まれたのが、アマテラスである。アマテラスは父神イザナキから高天原《たかまのはら》を統治するよう命じられ、御倉《みくら》板挙之神《たなのかみ》である玉の首飾りを授けられる。

その後、記紀神話では、アマテラスをめぐって、スサノオとの誓約《うけひ》、天石屋戸《あまのいわやと》開き、天孫降臨といったストーリーが展開し、アマテラスの、高天原の主宰神であり、太陽の女神であり、天皇家の祖神である姿が、くっきりと描かれてゆく。

日本神話の主人公ともいえるアマテラスの原像については、神話学・歴史学・神道学・民俗学など、さまざまな分野で種々に論じられ、じつは男神だったとか、太陽神に仕える巫女の神格化だとか、伊勢のローカルな太陽神がルーツだ……などと話題に事欠かないが、ここでは「神話から歴史を探る」という観点から、「アマテラスのモデルは持統《じとう》天皇だった」というユニークな説をひとつ紹介しておきたい。
『古事記』によれば、大国主神《おおくにぬしのかみ》が国譲りを承知すると、アマテラスは御子の天忍穂《あめのおしほ》

◎アマテラスと持統の符合

アマテラス ―― **天忍穂耳命《あめのおしほみみのみこと》** ―― **邇邇芸命《ににぎのみこと》（瓊瓊杵尊）**

アマテラス：高天原の主宰神で、太陽の神格化。女神。

天忍穂耳命：アマテラスとスサノオの誓約によって、アマテラスの勾玉から化成。

邇邇芸命：父神・天忍穂耳命の代わりに高天原から地上に降臨し、天皇家の祖となる。

持統天皇 ―― **草壁皇子** ―― **軽皇子（文武天皇）**

持統天皇：第41代天皇。第40代天武天皇の皇后。諱は高天原広野姫。

草壁皇子：父は天武天皇、母は持統天皇。即位することなく28歳で死去。

軽皇子：第42代天皇。父は草壁皇子。15歳で即位する。

illustration by Junko Tanaka

耳命《みみのみこと》に「葦原中国《あしはらのなかつくに》（地上世界のこと）に降《くだ》って統治しなさい」と命じる。ところが、天忍穂耳命は「私が身支度をしている間に、子どもが生まれました。だからこの子邇邇芸命《ににぎのみこと》を降臨させるのがよいでしょう」と答えたので、アマテラスはそのニニギに向かって「豊葦原水穂国《とよあしはらのみずほのくに》（日本の美称）はそなたが統治する国だ、天降りしなさい」と命じる。こうして、天忍穂耳命に代わってアマテラスの孫にあたるニニギが、高千穂《たかちほ》に降臨する。これが、天孫降臨神話である。

◆天孫降臨は史実の神話化か

しかし、この箇所を読むとき、「なぜアマテラスは、御子ではなく、生まればかりの孫を降臨させたのだろうか?」という疑問に駆られることはないだろうか。

この問題をめぐっては、『古事記』編纂時の女帝だった持統天皇が、我が子草壁皇子《くさかべのみこ》に代わって孫の軽皇子《かるのみこ》（のちの文武《もんむ》天皇）を天皇に即位させようとしたことが神話に反映されているのではないか、と指摘する研究者がいる（筑紫申真『アマテラスの誕生』、上山春平『神々の体系』）。

『古事記』は、その序文によれば天武《てんむ》天皇が編纂を発案し、天武崩御《ほうぎょ》後は皇位は天武の妻持統、天武と持統の孫の文武、文武の母元正《げんしょう》と移り、元正帝の御世に『古事記』が完成している。持統は、夫天武の死後、自分が産んだ草壁皇子に皇位を継がせようとしたが、皇子は病弱だったため即位せずに夭折。『アマテラスの誕生』によれば、このとき持統は草壁の子の軽皇子を皇位につけようと考えたが、まだわずか七歳だったため、とりあえずは自分が皇位について持統天皇となり、軽皇子が成長して十五歳になると、待ちかねたように即位させた。これが文武天皇である。つまり、**アマテラスは持統女帝、ニニギは軽皇子がモデルであり、天孫降臨神話は、持統が孫に皇位を与えた史実の反映である**というのだ。史実を神話化したともいえるだろう。

これはあくまでひとつの仮説だが、神話には「現在」を保証するという役割があり、記紀神話には、天皇が日本を統治することを保証するという機能も求められていた。そのことを考えれば、天孫降臨神話に「孫を天皇にするために、アマテラスが孫に統治を命じる神話を作ろう」という王権の意図が込められていたとしても、決して不思議ではないのである。

Q5 天つ神と国つ神の違いは何を表しているのか？

◈天つ神は宮廷貴族、国つ神は地方豪族の祖神か

記紀神話には「八百万《やおよろず》」と評されるほどに数多くの神が登場するが（ただし、『古事記』に登場する神は実際に数えてみると約三百柱である）、これらの神々を、「天《あま》つ神《かみ》」と「国《くに》つ神《かみ》」に大別することがある。

一般に、「天つ神」とは、アマテラスに代表される高天原《たかまのはら》系の神々とされ、天神、天津神などとも表記される。「国つ神」は、天つ神よりやや格が下がる国土（地上世界）土着の神々とされる。国神、国津神などとも表記され、中国で「土地の神」を意味する「地祇《ちぎ》」はその同義語とされる。なお、天神地祇《てんじんちぎ》といえば、天つ神と国つ神、すなわちあらゆる神々のことをさし、天神地祇を略した語が神祇《じんぎ》である。

『古事記』の天孫降臨の場面では、天降ってきた邇邇芸命《ににぎのみこと》（アマテラスの孫）が「天

つ神の御子」と呼ばれているのに対し、それを出迎えた猿田毘古神《さるたひこのかみ》は「国つ神」と自称している。

本居宣長《もとおりのりなが》は**「天神《あまつかみ》とは天にいる神、または天から降った神をいい、地祇《くにつかみ》はこの国土に生《な》りあらわれた神をいう」**（『古事記伝』二十三之巻）と記しているが、これは天つ神・国つ神の定義に関する通説になっている。

しかし、現実には、複雑な神格を兼ねそなえる神々を天つ神・国つ神に峻別することは難しい。たとえば大国主神《おおくにぬしのかみ》は、一般に国つ神の代表格とみなされるが、この神は高天原から天降ったスサノオ（須佐之男命《すさのおのみこと》、素戔嗚尊《すさのおのみこと》）の子孫なので、宣長の定義に従うのであれば、真正の「国つ神」と呼んでよいのかどうか疑問が残る。

天つ神・国つ神という分類を、氏族の系統の種別ととらえ、天つ神＝征服者系氏族の祖神、国つ神＝被支配者（先住民）系氏族の祖神と考える立場もある。古代氏族の系譜を集成した平安時代初期成立の『新撰姓氏録《しんせんしょうじろく》』には、中臣《なかとみ》・忌部《いんべ》・物部《もののべ》・大伴《おおとも》・久米《くめ》などの宮廷貴族は天神（天つ神）の末裔、大神《おおみわ》・葛木《かずらき》の鴨《かも》・宗像《むなかた》・安曇《あずみ》などの地方的豪族は地祇（国つ神）の末裔として記載されているからだ。

Q6 国譲り神話は史実を反映しているのか？

◆出雲大社の創建を示唆する大国主神の「国譲り」

記紀神話では、スサノオや大国主神《おおくにぬしのかみ》（大己貴神《おおなむちのかみ》）などの神々が出雲を舞台として活躍する出雲神話が重要な位置を占めているが、クライマックスは、大国主神による「国譲り」だ。『古事記』によれば、国作りを終えた出雲の大国主神のもとに高天原《たかまのはら》から天つ神の建御雷神《たけみかづちのかみ》が天降り、国をアマテラスの御子たちへ譲るよう迫る。大国主神は子の事代主神《ことしろぬしのかみ》に答えさせようとするが、事代主神は逃げ隠れ、次にもうひとりの子建御名方神《たけみなかたのかみ》が現れて建御雷神と力比べをする。が、建御名方神はたちまち建御雷神に圧倒され、信濃《しなの》の諏訪湖《すわこ》にまで追い詰められ、降参。建御雷神がふたたび大国主神に本意をただすと、大国主神は「天つ神の子孫が住むような立派な御殿を建ててくれれば、命令に従って国を献上します」と述べ、そこで出雲に神殿が造営された。

◎大国主神が述べた「国譲り」の台詞

建御雷神《たけみかづちのかみ》が大国主神《おおくにぬしのかみ》に問うた。

「お前の子ども、事代主神《ことしろぬしのかみ》・建御名方神《たけみなかたのかみ》の二神は、天つ神の御子の仰せの通り背きますまいと申した。さて、お前はどうだ」

すると、大国主神が答えた。

「私の子ら二柱の神の申す通りに、私も背きますまい。この葦原中国《あしはらのなかつくに》は、仰せの通りにすっかり献上しましょう。ただ、私の棲《す》み処《か》だけは、天つ神の御子が領有される天のお住まいのようにして、宮柱をしっかり立て、千木《ちぎ》を高天原まで高く上げて、お造り下さるならば、私は遠い隅の方に隠れ控えていましょう」

――『古事記』上巻より（現代語訳）

天つ神の建御雷神に国譲りを迫られて矛を献上し、服従の姿勢を示す、大国主神とその一族たち。『神代正語常磐草』より（国立国会図書館蔵）。

『日本書紀』にも大筋では同じような物語が記されている。大国主神が懇望した立派な神殿とは、出雲大社のことをさしているとみるべきだろう。そして、国譲りの結果、天孫ニニギが日向《ひむか》の高千穂《たかちほ》に降臨してくるわけである。

◆出雲が象徴する前時代的な文化

どこか現実的・政治的な背景があることをしのばせる記紀の国譲り神話については、しばしば、これは歴史的事件を反映したものなのか、それともフィクションなのか、ということが議論されてきた。この両説は、大まかには次のように整理できる。

①史実の反映とみる説。古代出雲には有力な氏族が支配する「出雲王国」があったが、大和《やまと》（畿内）の氏族を中心としたヤマト王権と対立、最終的にヤマト王権に服従した。

②政治的意図をもつフィクションとみる説。天つ神の子孫である天皇が日本を統治することの正当性を強調するため、大和朝廷の記紀編纂者らが机上で考案し作り上げた。

一見すると、どちらも妥当性があるように思えるが、しかし、いずれも決め手を欠く。①についていえば、記紀に詳しく書かれている国譲り神話が、出雲土着の神話・

伝説を集成した『出雲国風土記《いずものくにふどき》』にはまったく触れられていないという事実が、この説への強力な反証になっている。②は考古学的立場から批判される。昭和五十年代以降、出雲地方では大量の銅剣・銅鐸《どうたく》が出土した荒神谷《こうじんだに》遺跡・加茂岩倉《かもいわくら》遺跡が発見され、弥生時代にさかのぼりえる特異な古墳（四隅突出型墳丘墓《よすみとっしゅつがたふんきゅうぼ》）も数多く発見されている。つまり、神話にふさわしい「古代出雲王国」の存在が現実味を帯びてきたのだ。

しかし、そもそも古代には、出雲にかぎらず、九州、北陸、関東など、日本各地にヤマト王権に対抗しうる「王国」が存在していたはずである。こうした問題などから、従来の説を乗り越える、次のような見方もあらわれている。

「国譲り神話とは、ヤマト王権が、前時代的な地方首長を従属させていったプロセスを、出雲をひとつのモデルとして象徴的に描いたものである」。では、数ある地方王権のなかでも、なぜ出雲があえてモデルに選ばれたかといえば、出雲が伝承する顕著な祭祀王権性、日本海に面した出雲の大陸・半島からの外来文化との親和性が、特別視されたからだろう。国譲りを決した大国主神は「広矛《ひろほこ》」を天つ神に献上するが（『日本書紀』）、広矛は、弥生時代的な青銅器文化を象徴しているとも考えられよう。

Q7 天孫より先に天降った ニギハヤヒの正体とは？

◆畿内は神武とは別系統の天つ神によって統治されていた

記紀では、天孫ニニギが日向《ひむか》の高千穂《たかちほ》に降臨したのち、曾孫にあたるカムヤマトイワレヒコ（神武《じんむ》天皇）が「天下を平安に治めることができるのはどこだろうか」と兄たちとはかり、日向を発って東へ向かう。そして、一行は筑紫《つくし》、安芸《あき》、吉備《きび》、河内《かわち》と徐々に東遷。河内では土豪のナガスネビコと戦って敗れるが、河内から熊野へと迂回、紀伊半島に上陸し、苦戦しながらも土着民を服属させながら大和《やまと》へ進み、ついには畝《うね》傍《び》の橿原宮《かしはらのみや》で初代天皇に正式に即位する。これが、神武東征伝説だ。天つ神の子孫が日本の統治者となることを記す神武東征譚《たん》は、天皇家の由緒を示すことを主目的とする記紀神話においては、非常に重要な位置を占めているといえるだろう。

ところが、記紀によれば、神武が大和に入ろうとしたとき、すでに畿内は他の者に

◎『先代旧事本紀』に記されたニギハヤヒの系図

高皇産霊尊《たかみむすひのみこと》——万幡豊秋津師姫栲幡千千姫命《よろずはたとよあきつしひめたくはたちぢひめのみこと》

天照大神——正哉吾勝勝速日天押穂耳尊《まさかあかつかちはやびあまのおしほみみのみこと》

天照国照彦天火明櫛玉饒速日尊《あまてるくにてるひこあめのほあかりくしたまにぎはやひのみこと》（天火明命、天照国照彦天火明命、饒速日尊）

天饒石国饒石天津彦彦瓊瓊杵尊《あめにぎしくににぎしあまつひこひこほのににぎのみこと》——（天皇家へ）

天香語山命《あまのかごやまのみこと》——（尾張氏へ）

宇摩志麻治命《うましまじのみこと》——（物部氏へ）

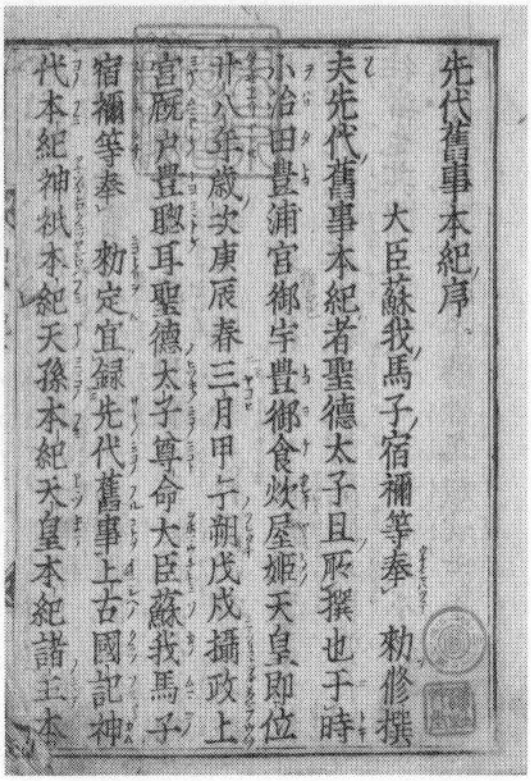
先代舊事本紀序

大臣蘇我馬子宿禰等奉　勅修撰

夫先代舊事本紀者聖徳太子且所撰也于時小治田豊浦宮御宇豊御食炊屋姫天皇即位廿八年歳次庚辰春三月甲午朔戊戌攝政上宮厩戸豊聡耳聖徳太子尊命大臣蘇我馬子宿禰等奉　勅定宜録先代舊事上古國記神代本紀神祇本紀天孫本紀天皇本紀諸王本

『先代旧事本紀』の序文。蘇我馬子と聖徳太子が勅を奉じて編纂したと記す（江戸時代初期の刊本／国立国会図書館蔵）。

よって統治されていた。しかもその統治者は、土着の首長などではなく、神武と同じように天つ神の系譜を引き、神武たちよりもずっと以前に天磐船《あめのいわふね》に乗って畿内に降臨してきたといい、天つ神であることを証明する神宝「天つ瑞《あましるし》」も有していた。

この、神武に先んじて畿内を統治していた、もうひとりの天つ神の子孫の名を、ニギハヤヒ（邇芸速日命《にぎはやひのみこと》、饒速日命《にぎはやひのみこと》）という。ニギハヤヒはナガスネビコの妹を妻としていたが、結局ナガスネビコを殺して神武に帰順する。記紀はニギハヤヒが物部《もののべ》氏の遠祖であると記す。物部氏は、蘇我氏とともに権勢を誇った古代の有力豪族で、朝廷の軍事をつかさどり、本貫《ほんがん》（本拠地）は河内であるとされている。しかし、六世紀なかばには蘇我氏との抗争に敗れて衰退し、記紀編纂時には弱小氏族となっていた。

◆物部氏の史書『先代旧事本紀』が語るもうひとつの降臨神話

平安時代初期に、物部氏の人間によって編まれたとみられる『先代旧事本紀《せんだいくじほんぎ》』という史書がある。記紀と重複する内容も多いながら、記紀にはみられない独自の記述もあるため重要視され、なかでも、ニギハヤヒ伝承が豊富かつ具体的に叙述されている点が注目されている。この書によれば、天界にあったニギハヤヒは、三十二人の武将、二十五部の物部（軍隊）など、あまたの従者とともに、死者をも甦らせる呪力をもつ十種の神宝を携え、天磐船に乗って、河内国河上《かわかみ》の哮峯《いかるがのみね》に堂々と天降った。さらに同書は、ニギハヤヒはアマテラスの孫で、ニニギの兄にあたるとしているが、これについては、皇室との結びつきを強めるために、アマテラスの系譜に意図的に接続させた可能性も考えられるだろう。

それにしても、天皇家の権威を示そうとする記紀編纂者からすれば、仮に伝承であるにしても、「神武東征以前の大和には、神武系とは別系統の天つ神であるニギハヤヒが降臨し、君臨していた」という説話は、あまり触れたくないものであるはずだ。にもかかわらず、記紀では、不思議なほどニギハヤヒは特別扱いされている。これはなぜか。神話学者の松前健は、おそらく**ニギハヤヒの天降りは、畿内地方にあまりにも古くから広く知られていた神話で、これを無視することができなかった**のだろうと指摘している（『日本神話の謎』）。ちなみに、遺跡の分布などから、弥生時代末期頃までは、大和よりも、物部氏の本貫の河内の方が人口が多かったとみられている。

Q8 天孫が降臨したのはじつは丹波だった？

◆丹後の古社に伝わる日本現存最古の系図

天橋立《あまのはしだて》にほど近い籠《この》神社（京都府宮津市）は、彦火明命《ひこほあかりのみこと》を主祭神とする古社だが、平安時代に書かれたという国宝『海部《あまべ》氏系図』を秘蔵することで知られる。海部氏は籠神社の宮司家で、丹波国造《たんばのくにのみやつこ》も務めた名家である。ちなみに、丹波国とは本来は現在の京都府北・中部と兵庫県東北部を合わせた地域だが、和銅六年（七一三）にここから籠神社を有する京都府北部にあたる地域が丹後《たんご》国として分立した。

国宝『海部氏系図』はじつは二つあって、ひとつは平安初期の貞観《じょうがん》年中（八五九〜八七七）に記されたとみられる「籠名神社祝部氏系図《このみょうじんしゃはふりべのうじのけいず》」（略称「本系図」）、もうひとつが「籠名神宮祝部丹波国造海部直等氏之本記《このみょうじんぐうはふりべのたんばのくにのみやつこあまべのあたいらうじのほんき》」（別称「勘注《かんちゅう》系図」）だ。

日本現存最古の系図とされる「本系図」には、アマテラスの孫にあたる海部氏の祖

◎記紀と海部氏系図で異なるホアカリの系図

【古事記】

天照大御神―天忍穂耳命《あめのおしほみみのみこと》
- 天火明命《あめのほあかりのみこと》
- 邇邇芸命《ににぎのみこと》

【日本書紀（本文）】

天照大神―天忍穂耳尊―瓊瓊杵尊《ににぎのみこと》
- 火闌降命《ほのすそりのみこと》
- 火明命
- 彦火火出見尊《ひこほほでみのみこと》

【日本書紀（一書）】

天照大神―天忍穂耳尊
- 火明命
- 瓊瓊杵尊

【海部氏勘注系図】

天照大神―天押穂耳命
- 瓊瓊杵尊
- 杵火火置瀬命《きほほ》
- 彦火明命……海部氏
- 彦火耳命《ひこほみみのみこと》

『海部氏系図』を伝える丹後の籠神社。名勝「天の橋立」のすぐそばに鎮座する。

神彦火明命から平安初期の海部直田雄祝《たおはふり》まで、代々の宮司が縦に記されている。「勘注系図」は、彦火明命以来、九世紀までの系譜が、直系だけでなく、傍系の兄弟姉妹も含めて記されていて、さらに詳細な注記が施されている。現存のものは江戸時代の書写だが、系図の巻末には「本記一巻は仁和年中（八八五～八八九）に海部直稲雄《いなお》らが修録した」と記されている。なお、彦火明命は『古事記』においてもアマテラスの孫とされ、高千穂に降臨した天孫邇邇芸命《ににぎのみこと》の兄ということにもなっている。

◆系図に記された驚きの降臨神話とは

「勘注系図」は興味深い古伝も注記していることで注目を集めているが、そうした古伝のひとつにユニークな天孫降臨神話がある。「勘注系図」によれば、天押穂耳命《あめのおしほみみのみこと》（アマテラスの御子）の第二子が瓊瓊杵尊《ににぎのみこと》、第三子が彦火明命で、彦火明命は高天原《たかまのはら》にいたとき大己貴神《おおなむちのかみ》の娘をめとって天香語山命《あめのかごやまのみこと》を生み、その後丹波国の伊去奈子嶽《いさなごだけ》に降臨。いったん高天原に登ったあと、天祖《あまつみおや》より二つの神宝（息津鏡《おきつかがみ》と辺津鏡《へつかがみ》）を授かり、「葦原中国《あしはらのなかつくに》の丹波国に降り、この神宝を奉じて、早く国土を造成せよ」との言葉を賜り、丹波国の凡海息津嶋《おおしあまのおきつしま》に再臨した。ところがその後、地震で息津嶋が海中に没したため、彦火明命は養老三年（七一九）に籠宮《このみや》（籠神社）に天降りした。

記紀では、高天原から降臨するのはニニギであり、また降臨地は九州の高千穂だが、「勘注系図」では、降臨するのは彦火明命、降臨地は丹波なのである。「勘注系図」が実際に平安初期成立のものだったとした場合、この食い違いは何を物語っているのだろうか。

神話は、もちろん天皇家の専権事項ではない。当然、**日本各地の氏族は、それぞれに固有の神話を伝承し、氏族の数だけ降臨神話があった**としても不思議ではない。だが、天皇家による統治が全国に及ぶなかで、地方の有力氏族の神話や系譜が天皇家のそれに取り込まれ接続され、それが記紀神話として結実したとみるべきだろう。

海部氏が、記紀神話とモチーフは同じながら細部の食い違う神話をもち、それでいて皇室につながる系図をもつということは、海部氏が現実に皇室と親戚関係にあったことを示す可能性もあるが、海部氏オリジナルの系図と神話が、天皇中心の記紀神話に結びつけられて変容していった痕跡を示しているとも考えられないだろうか。

Q9 神武天皇はアマテラスを祀らなかった？

◆注目を浴びる「皇祖神タカミムスヒ」説

天皇家の祖先神すなわち皇祖神といえば、もちろんアマテラスだ。だが近年、天地開闢《かいびゃく》時に高天原《たかまのはら》に化成した、生命力のシンボル的な神格であるタカミムスヒ（高御《たかみ》産巣日神《むすひのかみ》、高皇産霊神《たかみむすひのかみ》）もまたアマテラスと並ぶ最高神ではなかったのか、あるいは、本来の皇祖神はタカミムスヒだったが、ある時点でそれがアマテラスに入れ替わったのではないか、とする「皇祖神タカミムスヒ」説（上田正昭氏、溝口睦子氏ほか）が、注目を集めつつある。

最高神としてのタカミムスヒの姿は、たしかに、記紀の叙述からある程度推測することが可能である。『古事記』では、国譲り神話や天孫降臨神話において、高天原でのタカミムスヒはつねにアマテラスとともに並んで姿を見せ、他の天つ神たちに司令

◎記紀におけるタカミムスヒの系図

【古事記】

天照大御神―天忍穂耳命

高御産巣日神―万幡豊秋津師比売命《よろづはたとよあきつしひめのみこと》

（天忍穂耳命＝万幡豊秋津師比売命の子）天火明命《あめのほあかりのみこと》／邇邇芸命《ににぎのみこと》

※神武天皇はニニギの曾孫にあたる。

【日本書紀（神代第九段本文）】

天照大神―天忍穂耳尊

高皇産霊尊―栲幡千千姫《たくはたちぢひめ》

（天忍穂耳尊＝栲幡千千姫の子）瓊瓊杵尊《ににぎのみこと》

【日本書紀（神代第九段一書第六）】

天照大神―天忍穂根尊

高皇産霊尊―火之戸幡姫《ほのとはたひめ》―千千姫尊

（天忍穂根尊＝千千姫尊の子）天火明命／瓊瓊杵尊

を下している。また、神統譜上では、天孫ニニギの母神はタカミムスヒの娘である。

『日本書紀』になると、本文の国譲りや天孫降臨の場面で、タカミムスヒが単独で司令を下している。しかも『日本書紀』でのタカミムスヒの表記は「高皇産霊神」で、「皇」の字が入っているのだ。

『日本書紀』は、タカミムスヒを皇祖神としてより強く意識しているとも考えられるが、神武《じんむ》東征伝説のなかでは、その度合いがさらに高まっている。

◆タカミムスヒとの一体化を果たした神武天皇

熊野に上陸した神武とその一行は、アマテラスの助けで得た霊剣やアマテラスから遣わされた八咫烏《やたのからす》の導きによって吉野へ進軍する。そして、丹生《にう》の川上《かわかみ》にいたると、厳瓮《いっへ》（神酒などを入れる神聖な壺）を作って「天神地祇《てんじんちぎ》」を祀り、厳瓮を川に沈める。続けて諸神を祀り、「今、タカミムスヒに対して、私が自ら顕斎《うつしいわい》を行いたい」と述べる。「顕斎」とは、目に見えない神霊を見えるように斎《いつ》き祀ることで、この場合は、神武がタカミムスヒの降霊を乞い、自身に神霊を依《よ》り憑《つ》かせることとみられる。つまり、**神武はタカミムスヒの神霊と一体化しようとしたのである。**

大和《やまと》の平定を終えた神武は、畝傍《うねび》の橿原宮《かしはらのみや》で即位して初代天皇となる。そして三年後、天下を統治できるのは「皇祖の霊《みおやのみたま》」に助けてもらったおかげと述べて、鳥見山《とみのやま》（奈良県桜井市外山《とび》の鳥見山か）に斎場をもうけ、「皇祖天神《みおやのあまつかみ》」を祀った。

ここで神武天皇が鳥見山で祀った「（皇祖である）天神」とは、タカミムスヒ、アマテラスをも含めた、高天原の神々の総称と解釈することもできるが、この祭祀自体は、古代中国で天子《てんし》が郊外で天を祀るために行った祭祀「郊祀《こうし》」が意識されていたとみることもできる（80ページ参照）。しかし、いずれにしても、ここにアマテラスの名は出てこない。

丹生の川上や鳥見山の祭祀は、日本の国家建設と祭政一致の原点に位置づけられているが、このような重要な場面で、皇祖神としてアマテラスの名がとくに言及されていないことは、後世の人間からみると不可解に映る。

もちろん神武天皇は神話的な存在で、神武東征がすべて史実とは考えにくいが、少なくとも古代の宮廷において、タカミムスヒが天皇家の強力な守護神として意識されていたことは間違いないだろう。

また、神武天皇は丹生の川上で「天神地祇」すなわちあらゆる神々を祀ったと『日本書紀』は強調するが、現実には、天皇（大王）といえども、他氏族の神の祭祀に関与することはタブーだったはずである。

だからこそ、タカミムスヒよりも普遍的な神格をもつ太陽神（天照神）が数多の氏族を統合するものとして浮上し、「皇祖神アマテラス」という女神が形成されていったのではないだろうか。

神様のトリビア❶

なぜか大和に多い出雲の神々

大物主神《おおものぬしのかみ》は、ヤマト王権の発祥地ともみられる大和《やまと》（奈良県）の三輪山《みわやま》の神で、大和の守護神、地主神《じぬしがみ》ともいえる存在だ。だが、この神は、『日本書紀』神代第八段の「一書《あるふみ》」によれば、出雲の大国主神《おおくにぬしのかみ》の幸魂《さきみたま》・奇魂《くしみたま》、すなわち大国主神の分身だと記されている。また、古代、新任の出雲国造《いずもこくそう》が朝廷に参向して奏上した祝詞《のりと》『出雲国《いずものくにの》造《みやつこ》神賀詞《かむよごと》』には「〈大国主神の和魂《にぎみたま》をオオモノヌシの名で三輪山に鎮座させよ〉と大国主神が語った」という一節がある。

大和の西南にあたる葛城《かつらぎ》にある鴨都波《かもつば》神社は事代主命《ことしろぬしのみこと》を、高鴨《たかがも》神社は味鉏高彦根神《あじすきたかひこねのかみ》を祀るが、両神とも出雲神話に登場する神である。この他にも、大和には出雲系の神を祀るとみられる神社、出雲関連の地名が散見される。

これらの事実は、出雲地方の氏族が大和に移住したことを示していると考えるのがふつうだろうが、逆に、大和には出雲族がもともと住み着いていたが、それが天皇系勢力によって山陰の出雲に駆逐されたと考えることも可能だろう。考古学者の森浩一のように「出雲は狭義の出雲国に限定することがむずかしいほど、移動性あるいは拡散性に富んだ地名とみてよい」（『記紀の考古学』）とする立場もある。

第2章

古代編

神祇・陰陽五行・仏教の混合

Q10 なぜ崇神天皇は大物主神を自ら祀らなかったのか？

【古墳時代】

◆三輪山に祀ることを天皇に命じた大物主神

第十代崇神《すじん》天皇は歴史的に実在した可能性が高い最初の天皇と一般にいわれているが、記紀によれば、磯城瑞籬宮《しきのみずかきのみや》（師木水垣宮）に宮居《みやい》した。その場所は、日本最古の神社とも称される大神《おおみわ》神社が鎮座する、三輪山《みわやま》の南西麓に比定されている。

記紀は、崇神朝に多くのページを割いているが、まず目をひくのは、大物主神《おおものぬしのかみ》に関する説話だろう。『古事記』によれば、崇神天皇の御世《みよ》になって疫病が発生し、多くの人民が死んだ。これを天皇が憂《うれ》えると、大物主神が夢に現れ、「病は私の意志だ。わが子孫のオオタタネコに我を祀らせれば、神の気は起こらず、国も平安になるだろう」と告げた。天皇は四方に人を遣わし、ようやく河内《かわち》でオオタタネコを捜しあてると、彼を神主として御諸山《みもろやま》（三輪山）に大物主神を祀らせた。さらに天神地祇《てんじんちぎ》の社《やしろ》を

◎三輪山の西麓に広がる纒向遺跡と古墳群

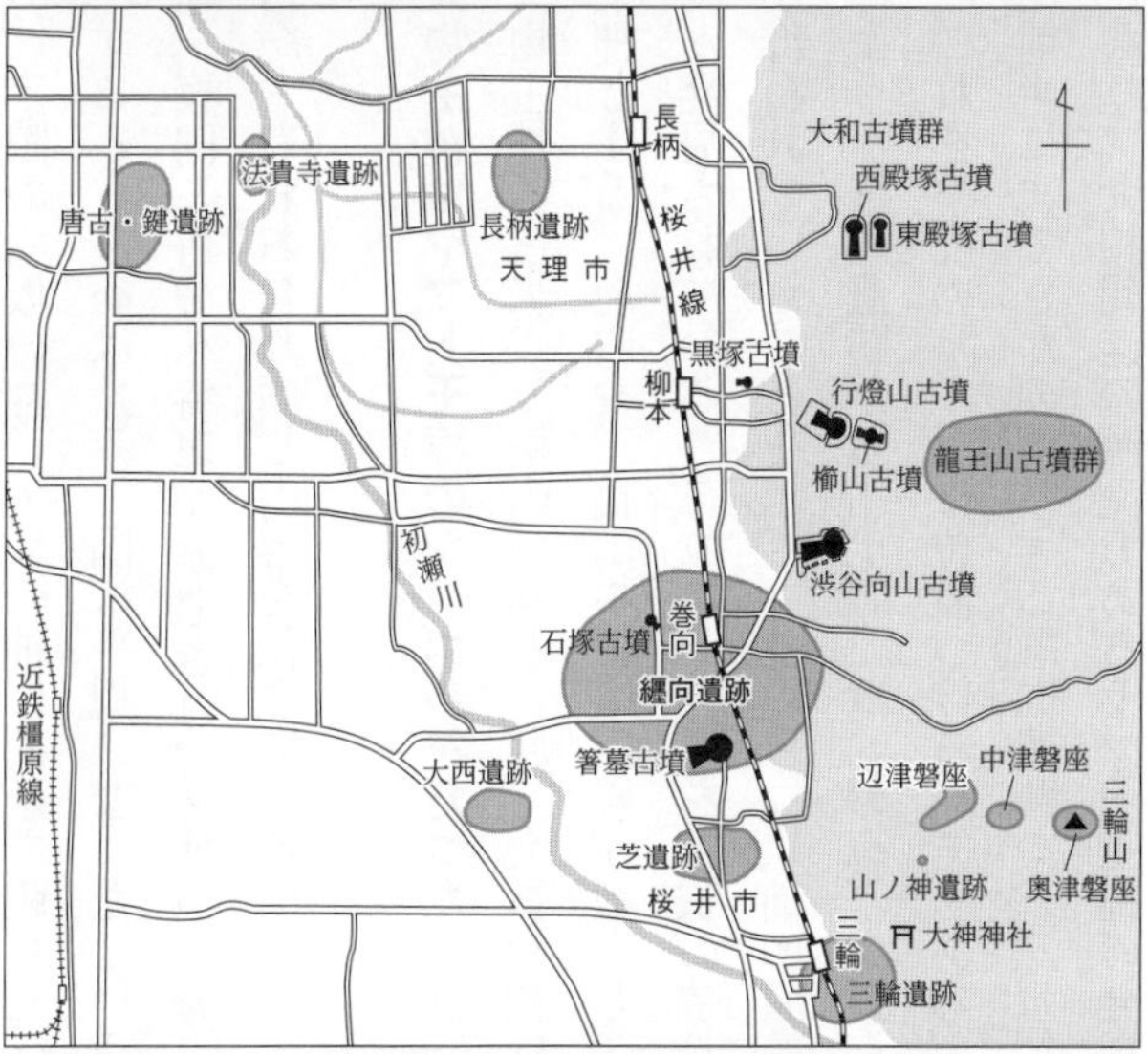

ヤマト王権のシンボル、三輪山。大神神社のご神体である。

定め、宇陀《うだ》の墨坂《すみさか》の神、大坂の神に楯矛《たてほこ》を祀らせ、坂や河の神に幣帛《へいはく》（供物《くもつ》）を奉った。すると、疫病は止み、国は平穏になったという。さらに『古事記』は、この後、北陸・東国・丹波へ将軍が派遣され、各地の民が平定されていったことも記し、『日本書紀』もおおむね同じ内容を伝えている。

◆大物主神はヤマト王権のシンボル神だった

大物主神は古来、三輪山の神とされ、大神神社は三輪山を神体山とし、大物主神を主祭神とする。境内や三輪山中には巨岩が散在し、その周囲からは勾玉《まがたま》、土器などの遺物が発見されている。これは、巨岩を神霊の依《よ》り憑《つ》く「磐座《いわくら》」として神聖視して祭祀が行われていたことを示し、社殿建立以前の原始的な神道祭祀の姿を伝えている。このような祭祀遺跡から出土した遺物のうち、最も古いものは四世紀後半にさかのぼり、これを神社のルーツに位置づける見方もある。そもそも三輪山西麓一帯には、三世紀前半にまでさかのぼりえる纒向《まきむく》遺跡や、三世紀なかばの築造と考えられる箸墓《はしはか》古墳があり、大和《やまと》朝廷の源流であるヤマト王権の発祥地とも目されている場所だ。

このような考古学的な研究成果を考えあわせると、記紀の崇神朝における大物主神伝承から、当初はゆるい氏族連合的なものにすぎなかったヤマト王権が、三輪山の神への祭祀を大王《おおきみ》（天皇）が司《つかさど》ることで基盤を固め、地方の豪族をもその支配下に置き、大王を中心としたひとつの国へと徐々に形を調えていったプロセスを想像することができる。つまり、**三輪山の麓はある時代の王権の中心であり、三輪山の神＝大物主神が王権を象徴する神だったと考えられる**のだ。

だが、記紀の説話は、天皇は自身で大物主神を祀ったのではなく、あくまでも祀ったのはオオタタネコだと強調する。また記紀は、彼が大神神社の社家である三輪氏（大神氏）の祖であるとも記しているが、三輪氏の本貫《ほんがん》（本拠地）は三輪山周辺ではなく河内である。このことからすれば、本来の説話は、天皇が直接三輪山の神を祀るというものだったが、ある時代から天皇が直接祭祀できるのは皇祖神アマテラスのみというタブーが形成されたため、当時すでに三輪山の祭祀を担っていた三輪氏の始祖伝承と結びつけられて整理された――そんな風にも考えられないだろうか。ちなみに、大物主神の神名は「偉大な精霊（モノ）の主」の意に解されると考えられる。

Q11 神功皇后はいつから神になったのか？ 【古墳時代】

◆奈良時代にはすでに神格化されていた

神功《じんぐう》皇后は第十四代仲哀《ちゅうあい》天皇の后《きさき》である。記紀には、皇后が新羅《しらぎ》征討の神託を得るも、それを信じなかった天皇が急死すると、皇后はみずから船に乗って軍を指揮し、朝鮮半島の新羅に勝利したという説話がくわしく記されている。そして、遠征中に懐妊し、九州に帰還したときに出産した御子が、のちの応神《おうじん》天皇である。

神功皇后説話は神話的色彩が濃く、皇后は伝説上の人物とするのが定説で、推古《すいこ》・斉明《さいめい》・持統《じとう》の各女帝をモデルに作られた物語とする見方（直木孝次郎）もある。

とはいえ、記紀成立からまもない八世紀はじめには仲哀天皇と神功皇后を祀る香椎《かしい》廟《びょう》（福岡市にある現在の香椎宮）が造営されていたのは確実で、ここには朝廷からの奉幣《ほうへい》が繰り返し行われている。「廟」は中国では祖霊を祀る施設をさすが、香椎廟が

◎神功皇后説話のあらすじ（『古事記』による）

仲哀天皇が熊曾《くまそ》の国を討とうとしたとき、筑紫の訶志比《かしひの》宮《みや》で、天皇が琴を弾き、建内宿禰《たけしうちのすくね》を審神者《さにわ》として神意を請う。すると神功皇后は神憑《がか》りして「種々の珍宝のある西方の国を授けよう」と言い、天皇が「西方には国土は見えず、海ばかりだ」と答えると、神は怒り、「この天下は汝が支配すべき国ではない、死の国に向かえ」と言った。すると琴の音が聞こえなくなり、天皇は崩御していた。

人々は驚き恐れ、国の大祓《おおはらえ》を行う。建内宿禰が神意を請うと、「この国は、皇后の御腹の男子が領有支配する国ぞ」との託宣で、神名を問うと「天照大神の御心であり、底箇男《そこつつのお》・中箇男《なかつつのお》・上箇男《うわつつのお》の３柱の大神である」との答えだった。

皇后は神託に従って軍を整え、船を並べて渡海すると、一気に新羅《しらぎ》国に達した。国王は恐れて天皇に仕えることを誓った。さらに皇后は百済《くだら》国を屯家《みやけ》と定め、新羅国王の門に住吉大神の荒魂を祀り鎮めて帰った。筑紫国に渡ると、御子（のちの応神天皇）が生まれた。

神功皇后を祀る香椎宮。古くは香椎廟と称した（福岡市東区）。

「神社」とは明確に区別されていたことは興味を引く。また一方で、渡来系氏族の信仰を基盤に成立した宇佐八幡宮《うさはちまんぐう》に対する信仰とも習合し、応神天皇とともにその祭神にあてられるようになった。『八幡宇佐宮御託宣集《うさぐうごたくせんしゅう》』（十四世紀初頭）によれば、弘仁十四年（八二三）、八幡神《はちまんしん》の託宣にもとづき、八幡神と比売《ひめ》神の二柱が祀られていた宇佐八幡宮に大帯姫《おおたらしひめ》が合祀《ごうし》された。オオタラシヒメは神功皇后の和名である。

つまり、**奈良時代までにはすでに神功皇后は神格化された存在となっていて、朝廷から重んじられる篤い信仰の対象になっていたのである。**

◆祟りをなすと怖れられた神功皇后陵

神功皇后の神格化は後世、さらに進んでゆく。

平安時代初期の承和十年（八四三）三月、平城京のすぐ北側にある盾列《たたなみ》の山陵（佐紀《さき》盾列古墳群）で、突如二度、大きな山鳴りが起こった。翌月、奇異のこととして朝廷が図録を調べてみると、久しく口伝にもとづいて成務《せいむ》天皇陵を神功皇后陵と誤認し、神功皇后の祟《たた》りがあるたびに空しく成務天皇陵に謝し、先年に神功皇后の祟りがあった折にも、弓と剣を誤って成務天皇陵に納めていたことがわかった。そこで改めて皇后陵に奉った（『続日本後紀《しょくにほんこうき》』）。

『日本書紀』には、第十三代成務天皇も神功皇后も「狭城《さき》盾列陵」に葬られたとあるので、もともと取り違えやすかったと思われるが、この記事からは、すでに九世紀には神功皇后陵と信じられる古墳が存在し、しかも、「神功皇后の祟り」が一度ならず朝廷を悩ませていたことがわかる。貞観《じょうがん》八年（八六六）には、陵守が陵木を伐ってから日照りが続いたため、朝廷は使者を出して山陵に謝している（『日本三代実録』）。山陵の鳴動や天災が祟りのサインと受け止められたのだろう。つまり、天皇・皇后の墓である山陵も祟りを起こすと信じられていたのだ。また、新羅征討伝承にもとづき、鎌倉時代の元寇《げんこう》の折には、国家平安を祈願する使者が山陵に派遣されている。

山陵の誤認はその後も取り沙汰されたため、『続日本後紀』『日本三代実録』が記す神功皇后陵が、現実に佐紀盾列古墳群中のどれにあたるのかは定かではないが、幕末には古墳群の北西端にある五社神《ごさし》古墳が比定されて現在に至っている。江戸時代の神功皇后陵は、安産のご利益があるということで、参詣客でにぎわったという。

Q12 渡来神アメノヒボコの正体とは？

【古墳時代】

◈神宝を携えて新羅から来たアメノヒボコ

朝鮮半島の新羅《しらぎ》から渡来したアメノヒボコ（天之日矛、天日槍）にまつわる豊富な伝承が、『日本書紀』では第十一代垂仁《すいにん》天皇三年の条に、『古事記』では第十五代応神《おうじん》天皇の段にそれぞれ記されている。ただし、『古事記』では「今（応神朝）より昔のこと」として記されているので、時代としては『日本書紀』の垂仁朝のほうが基準になると考えられる。

『古事記』によると、あるとき、新羅国の阿具沼《あぐぬま》のほとりで昼寝をしていた女の陰部に太陽の光が射し、やがてこの女は身ごもって赤玉を産んだ。その後、赤玉は新羅の王子アメノヒボコの手に渡り、美しい女性に変じる。アメノヒボコは彼女を妻とするが、心がおごったアメノヒボコが妻を罵《ののし》ると、彼女は祖国へ行くと言って船に乗り、

◎アメノヒボコ関係神社

出石神社（兵庫県豊岡市）の鳥居。新羅から渡来したアメノヒボコと「出石八前大神」（アメノヒボコが携えて来た8種の神宝）を祭神とする。(Reggaeman提供)

難波《なにわ》（大阪市）に渡来した。アメノヒボコも後を追って難波に入ろうとするが、渡りの神に妨げられ、やむなく迂回して但馬国《たじま》（兵庫県）に行き、その地で別の女性を妻に娶《めと》って子孫をもうけた。このとき、アメノヒボコは八種の神宝（珠二貫《たまふたつら》・浪振る比《ひ》礼《れ》・浪切る比礼・風振る比礼・風切る比礼・奥津鏡《おきつかがみ》・辺津《へつ》鏡）を携えて来ていたが、それは出石《いずし》神社に神として祀られた。また、『古事記』は、赤玉の化身で日本に渡来したアメノヒボコの最初の妻は、難波の比売碁曾《ひめこそ》神社に坐《いま》す阿加流比売神《あかるひめのかみ》であり、アメノヒボコが但馬でもうけた子孫の末裔が、神功《じんぐう》皇后であるとも記している。

◆アメノヒボコは人か、神か、それとも呪具か

出石神社（兵庫県豊岡市）は、アメノヒボコとともに、彼が将来した八種の神宝を「出石八前大神《いずしのやまえ》」として祀っていて、境内にはアメノヒボコの墓と伝わる場所もある。難波の比売碁曾神社は大阪市東成区に鎮座し（比売許曾神社）、現在は下照比売《したてるひめ》を祭神としているが、古くは阿加流比売神であったと考えられている。また、大分県の姫島には、朝鮮半島から渡来したという比売語曾神《ひめこそのかみ》を祀る比売語曾神社が鎮座している。

考古学者の森浩一は、八種の神宝は、船乗りたちが海神の祭祀に用いた一種の呪具ではないかと指摘している（『記紀の考古学』）。ちなみに、斎部《いんべ》氏によって編まれた史書『古語拾遺《こごじゅうい》』（八〇七）には、アメノヒボコは「海檜槍《あまのひぼこ》」と表記されている。また、アメノヒボコとは、太陽祭祀に用いた呪具としての矛（日＋矛）で、それが擬人化したものだろうとする説もある（三品彰英『増補・日鮮神話伝説の研究』）。

一方、新羅や高句麗《こうくり》の始祖伝説には卵から生まれたとする説話があり、アメノヒボコ説話の「赤玉」が朝鮮半島の古い伝承であったことをうかがわせる。

このようなことを論拠とするならば、**女神を奉じる新羅系渡来グループが但馬に住み着いた事実があって、それが下敷きとなってアメノヒボコ説話が形成されたとみる**こともできるだろう。あるいは、彼らが奉じていたのはアメノヒボコという神であって、それがいつしか歴史的人物として歪曲して伝えられるようになったと考えることもできる。実際、『播磨国風土記《はりまのくにふどき》』では、アメノヒボコは歴史的人物ではなく神といううことになっている。**海のかなたの神宝を将来したアメノヒボコには、新羅系渡来氏族の姿が投影されているといってよい。**

Q13 一言主神はなぜ零落していったのか？【古墳時代】

◈英雄的天皇と対等に渡り合う葛城の神

『古事記』によれば、第二十一代雄略《ゆうりゃく》天皇が百官を従えて大和《やまと》の葛城山《かつらぎやま》に登ったときのこと、向こうの山を尾根伝いに誰かが登ってゆく。よく見れば、その装束も行列の人数も、天皇側とまったく同じだった。

「この日本に、私を除いて大王はいないはずなのに、いったい誰か」と天皇が尋ねると、向こうの者も同じことをいい、怒った天皇と百官が矢をつがえると、向こうの者たちも同じ行動をとった。天皇が「互いに名を名乗ろう」というと、その者はこう答えた。「我は悪いことも一言《ひとこと》、善いことも一言で言い放つ神、葛城の一言主大神《ひとことぬしのおおかみ》だ」。

これを聞いた天皇は恐れ畏《かしこ》み、刀や弓矢、百官の衣服などを神に献上した。一言主神は喜んで受け取り、天皇が帰ろうとすると、長谷《はつせ》の山口まで見送った。これが『古

◎一言主神の描かれ方の変遷

- 『古事記』(712年成立)……雄略天皇は一言主神に武具や衣服を献上して、両者はほぼ対等の関係。
- ↓
- 『日本書紀』(720年成立)……一言主神は雄略天皇に対し、ややへりくだった言い方をする。
- ↓
- 『続日本紀』(797年成立)……一言主神は雄略天皇の怒りに触れたため、土佐に流されたと記す。
- ↓
- 『日本霊異記』(822年成立)……一言主神は役行者に使役され、呪縛をかけられて解脱できずにいる。
- ↓
- 『今昔物語集』(12世紀)……一言主神の容貌は醜悪で、役行者の呪縛によって谷底に置かれる。

一言主神を祀る葛城一言主神社（奈良県御所市）。大和の葛城地方は、古代王朝史の重要な舞台のひとつである。

事記』の一言主神伝承のあらすじである。

『万葉集』巻第一の巻頭を雄略天皇の歌が飾り、『日本霊異記《りょういき》』（八二二）もこの天皇の説話からはじまることなどから、奈良～平安時代初期の人々は雄略天皇を国土統一を果たした英雄的な天皇として見、雄略朝を歴史の大きな節目ととらえていたとする見方がある。その英雄的な天皇と、一言主神という葛城の地主神《じぬしがみ》が、『古事記』では、ほぼ対等の関係で描かれていることに、まずは注意しておきたい。

◆一言主神の零落は奉斎氏族の没落の暗示か

『古事記』（七一二）からやや遅れて成立した『日本書紀』（七二〇）にも雄略と一言主神（一事主神）の説話が記されていて（雄略四年二月）、同じような内容になっているが、一言主神は天皇に対して「僕《やつがれ》は是《これ》、一事主神なり」と名乗り、『古事記』に比べると、ややへりくだった言い廻しになっている。

『日本霊異記』になると、一言主神は役行者《えんのぎょうじゃ》によって金峯山《きんぷせん》と葛城山のあいだの橋づくりに使役されている。しかも、一言主神が人間にのり移って「役行者は天皇を滅ぼそうと企んでいる」と讒言《ざんげん》したことで役行者は伊豆に流されるが、のちに一言主神は役行者によって呪縛され、今の世に至っても解脱《げだつ》できずにいる、と記されている。『今昔物語集《こんじゃくものがたりしゅう》』（十二世紀）に至ると、一言主神の容貌は醜悪と酷評され、役行者の呪縛によって谷底に置かれた、という記述になっている。

一言主神のイメージのこのような零落は、いったい何を物語っているのか。

これについては、**この神を奉斎《ほうさい》していた氏族の没落を暗示しているとする見方がある**。一言主神の奉斎氏族が誰かについてはいくつか説があるが、注目すべきものに、葛城の高宮《たかみや》に祖廟を構えた蘇我《そが》氏と渡来系の高宮漢人《たかみやのあやひと》とするものがある（和田萃『日本古代の儀礼と祭祀・信仰』）。蘇我氏は渡来人を重用したが、乙巳《いっし》の変（六四五年）を境に中央政界では没落していった。したがって、あくまでも一つの仮想的な見方ではあるが、乙巳の変を機に彼らが祀っていた一言主神も没落していったのだとすれば、神話・説話における一言主神の描かれ方の変化ともうまく符合する。

雄略天皇と一言主神の物語は、一見、人と神とのほほえましい交情を描いているようにも映るが、視点をずらせば、歴史の暗部が見え隠れしてくるのである。

Q14 「神道派物部VS仏教派蘇我」は作り話か？

【飛鳥時代】

◆仏は「新来の神」としてとらえられた？

六世紀半ばごろまでに日本に仏教が伝来した。しかし、『日本書紀』によれば、朝廷の仏教受容をめぐって有力豪族の蘇我《そが》氏と物部《もののべ》氏が対立し、用明《ようめい》天皇二年（五八七）、戦いが行われた結果、蘇我氏側が勝利する。従来この抗争は、崇仏《すうぶつ》派の蘇我氏と排仏派の物部氏の対立、仏教対神道の戦いとみられることが多かったが、近年では、そう単純な図式でとらえきれるものではない、とする見方が強まっている。

『日本書紀』によれば、欽明《きんめい》天皇十三年（五五二）に百済《くだら》の聖明王《せいめいおう》から仏像・経論などが贈られたとき、これまでこのような妙法を聞かなかったといって感激した天皇は、美麗な仏像を祀るべきかどうか、臣下に尋ねた。大臣《おおおみ》の蘇我稲目《いなめ》は諸国が礼拝しているのだから我が国も祀るべきと主張したが、物部尾輿《おこし》と中臣鎌子《なかとみのかまこ》は、こう述べた。

「あなたが王でいられるのは、春夏秋冬に神々をお祀りしているからです。今、蕃神《あだしくにのかみ》を拝めば、国つ神の怒りを受けることになるでしょう」

そこで天皇は、「それでは稲目に授けて、試しに礼拝させよう」といって、仏像を稲目に託し、稲目は私宅を寺としてそれを安置した。ところが、国内に疫病がはやったため、これを神の怒りとみた尾輿らは、天皇の許可を得て、仏像を難波《なにわ》の堀江に流し捨て、寺を焼いた。すると、天に風も雲もないのに、天皇の大殿に火災が生じた。

ここで注目されるのは、朝廷の人々が、仏（仏像）を「蕃神」、つまり異国からもたらされた新来の「神」としてとらえていた点である。宮殿の火災は、捨てられた仏が、神としてなした祟《たた》りとみるべきだろう。

つまり、**伝来当初、仏は、伝統的な神観念の延長線上で認識され、在来の神と質的に異なるものとは考えられていなかった**のだ。また、物部氏の本拠地にあった渋川《しぶかわ》廃寺（大阪府八尾市）が物部氏の氏寺だったとみられることもあり、「仏派蘇我氏vs神祇派物部氏」という図式は、朝廷内の抗争を物部氏が仏敵として討伐されたという内容に脚色するために、後世に作り上げられたものとも考えられるのである。

Q15 富士山の麓に出現した「常世の神」とは？【飛鳥時代】

◆飛鳥時代に突如出現した謎の神

『古事記』も『日本書紀』も、日本一の霊峰富士山についてなぜか一言も触れていないが、富士山の裾野を流れる富士川（不尽河）については『日本書紀』の皇極《こうぎょく》天皇三年（六四四）条に次のような言及があり、しかもそこには謎めいた神が登場する。

「秋七月に、東国の不尽河のほとりに住む人である大生部多《おおうべのおお》が虫を祭ることを村里の人に勧めて『これは〈常世《とこよ》の神〉である。この神を祭る者は、富と長寿が得られる』といった。巫覡《ふげき》らはついに偽って神のお告げだと称して、『〈常世の神〉を祭れば、貧しい人は富を得、老人は若返る』といった。そして、さかんに民に家の財宝を捨てるようにすすめ、酒を並べ、野菜や六種の家畜（馬・牛・羊・豚・犬・鶏）を路傍にならべて、『新しい富が入って来たぞ』と呼ばせた。都の人も田舎の人も、常世の虫を

取り、清らかな座に置き、歌ったり舞ったりして福を求め、珍宝を捨てた。しかし、まったく益はなく、損害や出費ばかりが甚大だった」

ここに出てくる「常世の神」とは、不老不死の神仙が住まう理想郷とされる「常世の国」からやって来た神の意とされる。その神が「虫」に化身したと信じられ、大生部多という人物と彼に従った巫覡たちは、財を捨てこの神を祀れば、幸福と長寿が得られると喧伝し、民衆は歌い踊りながら、彼らの言葉に従ったというのである。巫覡とは、女性シャーマン（巫女）と男性シャーマンの総称である。

◆「常世の神」崇拝は不穏な世相を席巻した新宗教か

『日本書紀』はさらに、やがて秦造河勝《はたのみやつこかわかつ》が大生部多を討ったので、巫覡たちは恐れて祭りを止めたと記す。秦河勝とは、京都の葛野《かどの》を本拠とした渡来系氏族秦氏のリーダーで、聖徳太子のブレーンを務め、仏教にも関心が深かったと考えられる人物である。そして、民衆を惑わせて神に擬せられた虫が、蚕《かいこ》に似たもの、というよりはおそらくは蚕そのものであったことも『日本書紀』には記されている。

『日本書紀』のこの時期の他の記述をみると、蘇我《そが》氏が、天皇家をしのごうかというほどに絶大な権勢を振っていた時期で、前年十一月には蘇我入鹿《いるか》が斑鳩宮《いかるがのみや》を襲って山背大兄王《やましろのおおえのみこ》（聖徳太子の遺児）とその一族を自決に至らせるという事件が起きている。すると、これを憂う中大兄皇子《なかのおおえのおうじ》（のちの天智《てんじ》天皇）は、ひそかに中臣鎌足《なかとみのかまたり》と結んで蘇我氏の失脚を画策し、常世の神騒動翌年の六月、乙巳《いっし》の変を起こして蘇我蝦夷《えみし》・入鹿父子を死に追いやった。これは、政治の実権を有力豪族から天皇家に取り戻させようとする一種のクーデターであった。

このような世相のもと、不気味な行動をとる「巫覡」たちの姿がしばしば見られたらしい。『日本書紀』には、常世の神騒動前年の二月、大勢の巫覡たちが玉串を手に、蘇我蝦夷が祖廟に詣でて橋を渡る時をうかがい、競って神託の言葉を述べたと記されている。同様の記事が翌年六月にも見られる。ここでの巫覡の神託とは、蘇我氏にへつらった内容のものとみる説と、蘇我氏に批判的な内容だったとみる説があるが、いずれにしても、彼らの怪異な言動は、社会不安をあおるようなものであっただろう。また、この時代は仏教が蘇我氏の後押しを受けて広まろうとする時代でもあった。

富士山の麓に生じた常世神に対する熱狂的な信仰は、神仙思想のルーツで中国固有の宗教である道教の信仰に、朝鮮的なシャーマニズム、シャーマニズム的な日本の原始宗教などが合わさって発生したものと、一般には解釈されている。そしてこの事件の背景には、不穏な世相があった。**常世神の流行はいわば飛鳥時代の新宗教で、そこには民衆たちの欲望と不安が投映されているのである。**

Q16 斉明天皇は道教の神を祀った？

【飛鳥時代】

◈飛鳥に女帝が造営した「天宮」の正体とは

飛鳥時代の斉明《さいめい》天皇（皇極《こうぎょく》天皇の重祚《ちょうそ》）は、大規模な土木工事を好んだ女帝として知られているが、そのひとつに「両槻宮《ふたつきのみや》」の造営がある。『日本書紀』斉明天皇二年（六五六）条に「多武峰《とうのみね》（田身嶺《たむのみね》）の頂上に、周囲を取り巻く垣を築き、頂上の二本の槻《けやき》の木のほとりに観《たかどの》を建て、両槻宮と名づけた。またの名を天宮《あまつみや》といった」とあるのがそれである。

多武峰は現在の奈良県明日香村東方の山中にある談山《たんざん》神社付近だが、この地に建てられたという両槻宮と命名された「観《たかどの》」については、かねて、中国の民族宗教である道教《どうきょう》の寺院ではないかと指摘する説がある。中国では道教の神々が祀られた寺院は「道観」と呼ばれたからである。また、道教学者の福永光司は、両槻宮の異名である

「天宮」は道教教典に登場する道教用語で、神仙がおもむく天上世界の宮殿を指し、飛鳥時代の人々もその意で用いていたはずだと主張している（『日本の道教遺跡』）。

また、飛鳥地方で出土した須弥山《しゅみせん》石や石人像、酒船石《さかふねいし》遺跡などは、斉明朝のものと推測されているが、これらについても道教の神仙思想との関わりが、福永らによって指摘されている。このようなことから、**斉明天皇は、大陸から伝来した道教に深い関心を寄せていたのではないかと考えられている**のだ。

　この時代、民衆にも道教的な信仰が広まっていた形跡がある。『日本書紀』皇極天皇元年（六四二）七月条に、群臣たちが「村々の神官（祝部《はふりべ》）の教えに従って、牛馬を殺して諸社の神に祈ったり、市を別の場所に移したり、河の神（河伯《かはく》）に祈ったりしたが、雨乞いの効き目はなかった」と蘇我入鹿《そがのいるか》に報告したと記されている。牛馬を殺して神に捧げるというのは古代中国に起源をもつ祭祀で、殺した牛馬を捧げられる神は日本では「漢神《からかみ》」と呼ばれた。河伯は道教の水の神である。

　その両槻宮は大宝二年（七〇二）まで存続していたことは確かだが、それ以降は正史に登場していない。

Q17 アマテラスが天皇に祟りをなした?

【奈良時代】

◆おそるべき祟り神として認識されていた皇祖神

奈良時代の神亀《じんき》六年（七二九）正月十日、伊勢神宮の外宮《げくう》で調理されたアマテラスの御饌《みけ》（食事）を神職たちが内宮《ないくう》に運ぶ途次、道端で死体に出くわした。同じころ、聖武《しょうむ》天皇が突然、発病した。朝廷の神祇官《じんぎかん》・陰陽寮《おんみょうりょう》で占ったところ、「巽《たつみ》の方の大神」が死穢《しえ》の不浄のために祟《たた》ったことが原因と判明した。平城京から巽（南東）の方角に鎮座する大神とは、伊勢神宮すなわちアマテラスをさす。つまり、伊勢神宮の神職が死穢に触れたまま御饌を奉ったので、アマテラスが天皇に祟ったというのである。

これは、伊勢神宮の神官たちが編んだ『太神宮諸雑事記《だいじんぐうしょぞうじき》』（平安時代後期）にみえる記述で、そのまま史実とは受け止めがたいが、興味深い挿話である。

次は奈良時代の正史『続日本紀《しょくにほんぎ》』にみえる記事である。天応《てんおう》二年（七八二）七月二十九日、右大臣《うだいじん》以下が桓武《かんむ》天皇にこう奏上した（大意）。
「近頃災異がしきりに起こり、妖しげな兆《きざ》しが現れています。そこで占いを命じたところ、神祇官・陰陽寮の双方から『国家の恒例神事では先例にしたがって幣帛《へいはく》を奉っていますが、天下は先例の喪に服しており、吉事と凶事が入り混じってしまっています。このために伊勢大神（アマテラス）と諸々の神社が、みな祟りを起こしています』と報告がありました。すみやかに凶を除き、吉に就かなければ、陛下のおからだが病気になってしまうでしょう。どうか服喪をやめて、神祇に対応してください」

平安時代に入っても、天災の原因を占うと、アマテラスの祟りと出て、朝廷が祈禱《きとう》を行ったという記事が史書に散見される（『続日本後紀《しょくにほんこうき》』『日本三代実録』）。

アマテラスは、神話ではたおやかな女神として描かれたが、現実の世界では、天皇家の守護神であり、国家の守護神でありながら、ときに天皇の身体にまで危害を及ぼしかねない、おそるべき祟り神として認識されていたわけである。これらの記録は、背景に奈良末～平安初期の政争や陰陽師《おんみょうじ》の暗躍を考える必要もあるが、**「祟り」が日本の神に普遍的な属性であり、皇祖神も例外ではなかったことをよく物語っている。**

Q18 なぜ奈良の朝廷は八幡神に翻弄されたのか？

【奈良時代】

◆「法王」にまで登りつめた怪僧・道鏡

奈良時代、聖武《しょうむ》天皇は仏教に深く帰依《きえ》し、仏教国家の建設を企図した。このときクローズアップされた神が、九州の宇佐八幡宮《うさはちまんぐう》の八幡神《はちまんしん》だ。東大寺の大仏造立《ぞうりゅう》が難航したとき、八幡神がこの事業への協力を誓う神託を発したからである。大仏鋳造《ちゅうぞう》が成ると八幡神に仕える巫女《みこ》を乗せた神輿《みこし》が九州を発って奈良に入り、大仏に拝礼している。こうして八幡神は、日本のすべての神々を仏教に導く神として認識されたのだ。

聖武の仏教国家建設の夢は、娘の孝謙《こうけん》天皇（在位七四九～七五八）に受け継がれ、この女帝はみずから出家し、仏教を中心とした、神仏習合《しんぶつしゅうごう》の政治形態をめざした。このとき孝謙に重用された人物が道鏡《どうきょう》である。

道鏡は法相宗《ほっそうしゅう》の僧だが、密教系の祈禱《きとう》にも優れ、病床にあった上皇時代の孝謙に密

◎八幡神関係年表

欽明32年（571）	宇佐の菱形池に八幡神が顕現し、その地に祀られる。宇佐八幡宮の創祀。〈八幡宇佐宮御託宣集〉
神亀2年（725）	宇佐八幡宮が現在地（宇佐市）に遷され、社殿が造立される。〈八幡宇佐宮御託宣集〉
天平勝宝元年（749）	宇佐の八幡大神、託宣し神輿に載せられて奈良の都に入り、東大寺大仏を拝礼する。八幡大神に一品《いっぽん》、八幡比咩《ひめ》大神に二品の位が奉られる。〈続日本紀〉
神護景雲3年（769）	道鏡を皇位につかせよとの宇佐八幡神の神託が朝廷に伝えられる。〈続日本紀〉
9月	和気清麻呂、道鏡即位に反する宇佐八幡神の神託を奏上し、道鏡により大隅国に流される。〈続日本紀〉
神護景雲4年（770）	称徳天皇崩御。道鏡失脚し、下野薬師寺別当として追放される。和気清麻呂、配流先から召還される。〈続日本紀〉
延暦2年（783）	託宣にもとづき、八幡神に菩薩号がつけられる。〈東大寺要録〉
貞観元年（859）	京都男山に宇佐八幡神が勧請され、宝殿が建立される。石清水八幡宮の初め。〈朝野群載〉

宇佐神宮（宇佐八幡宮）の上宮本殿（一之御殿）。昭和戦前に撮影されたもの。

教秘法を用いて効験があったことから、孝謙の信頼を得て宮中に登用され、上皇が称《しょう》徳《とく》天皇（在位七六四~七七〇）として再び即位すると太政大臣禅師《だいじょうだいじんぜんじ》に任じられる。天平神護二年（七六六）には法王にまでのぼりつめ、やがて皇位をもうかがうほどになる。法王とは、世俗の王である天皇に対して、仏法の王という意味である。

◆八幡神はアマテラスに代わりうる神とみられた

道鏡が地位を高めるなか、天皇は道鏡とともに神仏習合の政治を本格的にめざしたが、そのさなか、王権の根本を揺るがすような大事件が起きた。そのきっかけもまた、八幡神の神託だった。『続日本紀《しょくにほんぎ》』にはおよそ次のように書かれている。

神護景雲三年（七六九）初夏頃、九州大宰府《だざいふ》の中臣習宜阿曾麻呂《なかとみのすげのあそまろ》を通じて、「道鏡を皇位につかせれば天下は太平になる」という宇佐八幡宮の神託が朝廷に伝えられた。天皇は信頼していた和気清麻呂《わけのきよまろ》を召し、「夢に八幡神の使者が現れ、八幡大神の託宣を伝えたいので法均尼《ほうきんに》を送ってほしいといった。清麻呂が代わりに行って大神のお告げを聞いて来なさい」と命じた。法均尼は天皇の女官で、その弟が清麻呂である。

ところが、宇佐八幡宮に詣でた清麻呂が得た託宣は、「我が国開闢《かいびゃく》以来、君と臣の別は定まっている。臣を君とすることはいまだかつてない。天《あめ》の日嗣《ひつぎ》（皇位）には必ず皇緒《こうちょ》（皇統の人間）を立てよ。無道の人は早く掃《はら》い除くべし」というもので、道鏡の即位を全面的に否定するものだった。この神託を奏上すると、清麻呂は道鏡の怒りを買い、大隅国《おおすみのくに》（鹿児島県）に流された。だが、翌年に天皇は病にかかり、あっけなく他界。女帝の死とともに道鏡は失脚し、下野薬師寺《しもつけやくしじ》に左遷された。一方の清麻呂は、次の光仁《こうにん》天皇の即位とともに召還され、政界に復帰している。

道鏡即位をめぐって出された八幡神の神託は、いずれも関係者による捏造だったとする見方もあり、女帝の急死については暗殺の可能性すら指摘されている。

それにしても、都から遠く離れた地に鎮座する八幡神の神託がこれほどまでに尊重されたのは、**仏教国家をめざす聖武・孝謙らによって天神地祇《てんじんちぎ》のリーダーと目されたこの神が、皇祖神のアマテラスに代わりうる神威《しんい》をそなえもつと考えられた**からだろう。実際、平安時代には八幡神は九州で生まれた応神天皇の霊と明確に同体視され、アマテラスと並ぶ皇室の守護神として尊崇《そんすう》を受けるようになってゆく。

Q19 なぜ平安時代に怨霊信仰が高まったのか？

【平安時代】

◆朝廷の怨霊への恐怖が民間の疫病神信仰と結びついた

古来、祟《たた》りを起こすのは、神の専売特許とされてきたが、平安時代に入ると、死んだ人間の霊が強烈な祟りを起こすという考え方が都から広まり、やがてはそれを鎮めて神に祀り上げることが盛んに行われるようになった。

権力闘争で、政争に敗れたり失脚したりして非業《ひごう》の死を遂げた者が、死後に怨念を抱いて「怨霊《おんりょう》」あるいは「御霊《ごりょう》」として現れるという発想は、すでに奈良時代から貴族たちのあいだで意識されていた。天平《てんぴょう》元年（七二九）、謀反の廉《かど》で尋問を受け自殺した長屋王《ながやおう》や、同十二年（七四〇）に九州で反乱を起こして討伐され敗死した藤原広嗣《ふじわらのひろつぐ》らは、怨霊となって人々に祟りを及ぼしたと噂されたが、この頃はまだ朝廷内で畏れられるにとどまっていた。

ところが、奈良末期から平安初期にかけて井上内親王《いのえないしんのう》・早良《さわら》親王をはじめ有力皇族・貴族らが相次いで皇位継承をめぐる謀略の中で犠牲となって非業の死を遂げ、それと相前後して天災や疫病が起きたり、関係者の病死が続いたりしたため、平安時代初期の桓武《かんむ》天皇や藤原氏はこれを怨霊のしわざであると強く意識するようになった。さらに、**怨霊による脅威は、民衆の疫病に対する恐怖ともあわさって、社会に広く蔓《まん》延《えん》するようになる。**

こうしたなか、怨霊を畏怖の念をこめて「御霊」と呼び、慰撫《いぶ》してその怒りを鎮め、それを逆に災厄を祓《はら》う神にまで祀り上げる祭祀「御霊会《え》」が行われるようになる。貞《じょう》観《がん》五年（八六三）、京都の神泉苑《しんせんえん》にて、朝廷主宰で、早良親王をはじめとする六人の怨霊に対する御霊会が大々的に行われているが、これが御霊会の文献上の初出である。

御霊会が平安時代に盛行したのは、民間の疫神《えきじん》信仰と結びついたことが大きい。すでに民間では、疫病は疫神（疫病神）が跳梁《ちょうりょう》してもたらされるものと信じられ、疫神を慰撫《いぶ》し、送り出す祭礼が以前から行われていたのである。また、御霊会では僧侶の読経《どきょう》供養《くよう》も行われたが、これは儀礼面ですでに神仏習合が進んでいたからである。

Q20 桓武天皇が祀った「天神」とは？

【平安時代】

◆中国皇帝の祭祀をまねしたハイカラ好みの天皇

『続日本紀《しょくにほんぎ》』の延暦《えんりゃく》四年（七八五）十一月十日条に、桓武《かんむ》天皇が「天神を交野《かたの》の柏《かしわ》原《ばら》（現在の大阪府枚方市片鉢本町付近）に祀った」という記事がある。延暦六年十一月五日条にも「天神を交野に祀る」とある。ただしいずれも、臣下を派遣して代拝させたのであって、天皇自身が交野に赴いたわけではないらしい。

これらにみえる「天神」は、アマツカミと読まれることもあればテンジンと読まれる場合もあるが、いずれにしても、ここでの桓武天皇によって祀られた天神とは、日本神話ではおなじみの「国つ神」に対する「天つ神」、つまり高天原《たかまのはら》に住まう神々というニュアンスではなく、またもちろん、神格化された菅原道真《すがわらのみちざね》＝天神を指しているわけでもない（道真は八四五年生まれ）。

中国の歴代王朝では、古来、冬至《とうじ》の日になると、都の南郊（南方の郊外）に天壇《てんだん》を設け、帝王が昊天上帝《こうてんじょうてい》と先祖を祀ることが慣例となっていて、これを郊祀《こうし》と呼んだ。昊天上帝とは天にいます最高神という意味で、天帝《てんてい》とも呼ばれた。

交野は、当時の都であった長岡京のちょうど南郊にあたる。旧暦では十一月が冬至の月にあたる。また、『続日本紀』は延暦六年の天神祭祀については祭文も収録しているが、これには「昊天上帝」に対するものと、「高紹天皇《たかつぎのすめらみこと》（桓武の父で先帝の光仁《こうにん》天皇のこと）」に対するものの、二種がある。

つまり、**桓武天皇が交野で執り行った天神祭祀とは、冬至に行われた中国帝王の郊祀にならったものであり、天皇が祀った「天神」とは天帝（昊天上帝）をさす**とみるべきで、またその際には先祖＝光仁天皇も祀られていたのである。桓武天皇は、渡来系氏族出身の高野新笠《たかののにいがさ》（百済《くだら》系氏族　和乙継《やまとのおとつぐ》の娘）を母にもち、ハイカラ好みの性格だったらしく、中国の天子の祭りをまねて、威厳を示そうとしたのだろう。

交野の天神郊祀は、桓武天皇の曾孫にあたる文徳《もんとく》天皇の代に一度は行われたようだが、朝廷儀礼としては定着せず、やがて廃絶してしまったようである。

Q21 稲荷神を全国区にしたのは空海だった？

【平安時代】

◆空海がからんだ稲荷神の中央デビュー

全国津々浦々に祀られている稲荷神《いなり》は、京都の伏見《ふしみ》稲荷大社を本源としている。伏見社は奈良時代の八世紀はじめの創祀とされ、渡来系氏族の秦氏《はた》がこの地で奉じた穀霊神にルーツがあると考えられている。したがって、当初は伏見社は秦氏の私的な神社にすぎなかったが、これが朝廷の崇敬を受けて全国に稲荷信仰が広まったことには、じつは密教界のスーパースター、空海《くうかい》が大きく関与していたことは、現代ではあまり顧みられることがない。

天長《てんちょう》四年（八二七）、体調を崩した淳和《じゅんな》天皇が占いをさせたところ、伏見社の樹木を切った祟《たた》り、と出た。この樹を切ったのは、先朝の桓武《かんむ》天皇の御願寺《ぎょがんじ》として建てられた東寺《とうじ》の五重塔を建てるためだったのだが、その祟りというのであれば、神の怒り

◎稲荷神と仏教

荼吉尼天《だきにてん》。本来は密教の尊格だが、狐を眷属《けんぞく》とすることから稲荷神と習合し、同体視されるようになった。

一般的な稲荷神のイメージ。農業神として、稲穂を担いだ老翁の姿をとる。狐を神使とする。

水を運ぶ老女のために霊泉を涌かせる空海。江戸駒形町の清水稲荷社は、伝承によれば空海が勧請したもので、如意宝珠をご神体とし、その清泉は空海が加持して涌出させたものだったという。『江戸名所図会』より。

を慰めなければならない。そこで、稲荷神に従五位下《じゅごいげ》の位を授けることとし、伏見社に勅使を派遣してそのことを神に告げた（『類聚国史《るいじゅうこくし》』）。

空海はこの前年に五重塔の用材の運送を朝廷に願い出ているので、伏見社の樹が切られたというのは、このことと関係があると考えられる。そうであれば、祟りの原因をつくったのは空海だったともいえるわけで、稲荷神の授位には、淳和天皇に奉仕していた空海の誓願がからんでいたとも推測できる。ちなみに、東寺は弘仁《こうにん》十四年（八二三）に嵯峨《さが》天皇より空海に下賜《かし》されていた。

◈稲荷神社には神道系と仏教系がある

この事実を膨らませたのか、後世になると、「伏見社は空海が創建した」という説まで喧伝されるようになる。南北朝時代の北畠親房《きたばたけちかふさ》の著とされる『二十一社記』には、次のような伝説が記されている。

「空海が東寺にいたとき、弟子の実恵《じつえ》が南大門の辺りを通りかかると、稲を背負った老夫婦が、大勢の供を引き連れて休んでいる。不思議に思った実恵がこのことを空海に告げると、空海は人々を中門へ招き、どこへ行くのかと尋ねると、人々は『比叡山《ひえいざん》の最澄《さいちょう》が守護せよとわれらを招いたからだ』と答えた。空海は、『比叡山には日吉神《ひえのかみ》が鎮守としているので、この東寺の仏法を守護していただけないか』と頼んだ。こうして人々は空海の案内で今の伏見社の境内地に鎮座し、東寺の鎮守となった」

この縁起では、「稲を背負った」という形容で稲荷神の名の由来も説明されている。

このような**空海と稲荷を結びつける伝説は、平安時代から中世にかけて、稲荷信仰の伝播にとくに大きな役割を果たした**と考えられる。当時、東寺は弘法大師《こうぼうだいし》（空海）信仰の発信源であり、ここから弘法大師伝説が稲荷信仰をともなって広がったとみられるからだ。全国に弘法大師が勧請《かんじょう》祭祀したと伝承される稲荷社が点在していることは、その証しである。東京・新宿の花園《はなぞの》神社は旧称は花園稲荷神社で、江戸時代には、真言宗《しんごんしゅう》に属する三光院が管理していたが、ここのご神体は弘法大師が作ったものと伝えられていた（『御府内寺社備考』）。この他にも全国の稲荷社には、大師自刻と伝える神像や大師所持と伝える宝珠をご神体とするところが散見される。つまり、**稲荷社にはじつは仏教系のものも多い**のである。

Q22 なぜ神像は貴族の姿をしているのか？【平安時代】

◆平安時代の貴人の姿がモデルになった

古来、日本では神は不可視の存在とされ、鏡や石が神霊の象徴とみなされることはあっても、その姿が偶像によって表現されることはなかった。ところが、仏教とともに仏像が伝来すると、その影響を受けて、奈良時代後期頃から神々の像がつくられるようになった。

文献上の初例は多度大社（三重県桑名市）の『多度神宮寺伽藍縁起《たどじんぐうじがらんえんぎ》并《ならびに》資財帳』（七八八年）にみえるもので、天平宝字《てんぴょうほうじ》七年（七六三）、遊行僧《ゆぎょうそう》の満願《まんがん》（万巻）は、仏法に帰依《きえ》したいという多度神のお告げを受け、小堂を建てて多度神の像を祀ったという。また、伊勢神宮最古の文献である『皇太神宮《こうたいじんぐう》儀式帳』（八〇四年成立）には、月読宮《つくよみのみや》正殿の月読命《つくよみのみこと》について、「その姿は馬に乗った男で、紫の衣を着し、金作の大刀《たち》を佩《は》いている」と記すことから、そこに神像が安置されていたのだろうと推測されている。

現存する神像としては、平安初期までに造像がさかのぼるとみられるものに、①僧《そう》形八幡三神坐像《ぎょうはちまん》（東寺、八一〇～八二四年頃）、②僧形八幡三神坐像（薬師寺、八八九～八九八年頃）、③俗体男女神坐像（松尾大社《まつのお》、九世紀後半）、④熊野速玉神《くまのはやたまのかみ》・夫《ふ》須美神《すみのかみ》坐像（熊野速玉大社、十世紀頃）、などが知られる。

①②は八幡神像と二体の女神像からなる。八幡神像は僧形だが、これは八幡神が八幡大菩薩すなわち出家して修行中の段階にある神と考えられたためである。八幡神像に併座する二体の女神像と③④の男女像は、いずれも当時の貴族の姿をしている。月読宮の神像も貴族スタイルだったといえるだろう。

仏像は、経典や図像上の取り決めを記した儀軌《ぎき》にもとづいて造像されるもので、造像儀軌は仏典とともに多数日本に伝来した。しかし、**神像については儀軌が存在せず、造形の基準がなかったため、とりあえず当時の貴人の姿をモデルにすることになった**のである。だが、神像は本殿の奥深くに納められて、仏像のように直接礼拝《らいはい》されることはあまりなかったようだ。

Q23 常陸の海岸に漂着した謎の神とは?

【平安時代】

◆国作りの神オオナムチ、スクナヒコナが石となって出現

斉衡《さいこう》三年(八五六)の暮れ、平安京の文徳《もんとく》天皇のもとに、常陸《ひたち》国(茨城県)から、奇妙な知らせが届いた。「鹿島郡大洗磯前《おおあらいいそさき》(現・大洗町磯浜町)に神が新たに降《くだ》った。海水を煮て塩を作っていた男が夜半に海を望むと、天のあたりが光り輝いていた。翌朝になって見ると、海辺に高さ一尺ほどの奇妙な石が二つあった。塩炊きの翁《おきな》は不思議に思ったが、翌日には、この石の左右に侍すように二十あまりの小石があった。その石は不思議な彩色をしていて、あるものは形が僧に似ていたが、耳と目はなかった。そのとき、男に神が憑依《ひょうい》して言った。『我はこれ大奈母知《おおなもち》、少比古奈命《すくなひこなのみこと》なり。昔、この国を作り終えて、東海に去ったが、今、民を救うため、また帰って来た』」(『日本文徳天皇実録』斉衡三年十二月二十九日)

大奈母知は、記紀では大己貴神《おおなむちのかみ》、大穴牟遅神、大国主神《おおくにぬしのかみ》と書かれる神、少比古奈命は少名毘古那神《すくなびこなのかみ》、少彦名命と書かれる神である。記紀には、オオナムチ、スクナヒコナの二神が共同して国作り・国土経営にあたったと記され、スクナヒコナは国作りを終えると「常世《とこよ》の国」に渡り（『古事記』上巻）、オオナムチは国を天《あま》つ神に奉ると「八十隈《やそくまで》（遠い幽界）」に隠れ去ったという（『日本書紀』神代第九段）。

この二神が、石の姿をとって常陸の海岸に来臨し、託宣を発したというのだ。これをきっかけに、大洗にオオナムチを祀ったのが大洗磯前神社の、酒列《さかつら》にスクナヒコナを祀ったのが酒列磯前神社の、それぞれのはじまりとされている。

奇岩・巨岩を神聖視し、そこに神霊が宿るとする信仰は、日本では古くからみられる。一方、房総から常陸にかけての太平洋沿岸は漂着神伝説が多いことで知られ、実際、潮流の関係でいろいろなものが流れ着いた。

大洗へのオオナムチ・スクナヒコ漂着の記録からは、平安時代における、このような常陸の風土、異界へ去ったと神話に伝えられる国作りの神々への信仰、海の彼方にある理想郷「常世」への信仰、石神《いしがみ》信仰などを読み取ることができるだろう。

Q24 なぜ菅原道真は怨霊神にさせられたのか？

【平安時代】

◈生前の道真は誰も怨んではいなかった

平安朝の類稀《たぐいまれ》な文人・学者であり、右大臣《うだいじん》にまで昇りつめた菅原道真《すがわらのみちざね》が、その昇進を妬《ねた》む左大臣藤原時平《ふじわらのときひら》らの策謀により、九州の大宰府《だざいふ》に左遷されたのは、醍醐《だいご》天皇の昌泰《しょうたい》四年（九〇一）のことである。二年後、道真は配流《はいる》先で亡くなるが、その地で彼が身の不遇をかこったり、誰かを怨んだりしたことを明記する史料はない。

ところが、延喜《えんぎ》八年（九〇八）には道真左遷に関与した藤原菅根《すがね》が病死、翌年には陰謀の張本人である時平が三十九歳で早世。その後も関係者の死が相次ぐ。道真が怨《おん》霊《りょう》として意識されるようになったのは、このころからのことのようだ。

延喜二十三年（九二三）、醍醐天皇の皇太子保明《やすあきら》親王が二十一歳で夭折。天下万民が悲泣し、世人はこれを道真のなせる業《わざ》だと噂し合った（『日本紀略《にほんきりゃく》』）。親王の母が

時平の妹だったので、その死は余計に道真の怨霊を人々に意識させたのだろう。

醍醐天皇は、ただちに故道真を右大臣に復して正二位《しょうにい》の神階を贈り、左遷の宣命《せんみょう》を破却して、怨霊の慰撫《いぶ》をこころみた。ところが、延長《えんちょう》三年（九二五）には保明親王の皇子で時平の娘を母にもつ慶《よし》頼王《よりおう》が五歳で夭折。延長八年六月には宮中の清涼殿《せいりょうでん》の柱に雷が落ち、複数の死者が出た。雷を道真の怨霊の仕業《しわざ》とみてショックを受けたのか、醍醐天皇は病床に臥し、九月には朱雀《すざく》天皇に譲位したが、一週間後に四十六歳で崩御《ほうぎょ》した。その後、平将門《たいらのまさかど》の乱・藤原純友《すみとも》の乱（九三五～九四一）が起こったが、これも道真の怨霊と結びつけられたのだった。

◆天皇をこらしめる怨霊神が菅原天神の原像

この時代における怨霊化した道真のイメージを示す史料に、『道賢上人冥途記《どうけんしょうにんめいどき》』（『扶桑略記《ふそうりゃっき》』所載）がある。これは道賢（日蔵《にちぞう》、九〇五～九八五頃）という山岳修行者の神秘体験を記したものだが、天慶《てんぎょう》四年（九四一）、金峯山《きんぷせん》で修行していた彼は、ついに冥界に入る。そして太政威徳天《だいじょういとくてん》という魔王の居城におもむくが、威徳天は自分が道真であると名のり、「あらゆる疾病・災難を司《つかさど》る私は、怨みゆえに日本を滅ぼそうとしたが、仏菩薩《ぶつぼさつ》が密教を盛んに弘《ひろ》めてくれているので、怨念が弱くなった。だが、自分の眷属《けんぞく》たちが各地で悪事を働いており、それを取り締まることはできない」と語る。その後、道賢は地獄へ案内され、そこで道真を死に追いやった醍醐天皇が業《ごう》火《か》の責苦を受けている様を見せられる。

太政威徳天という怨霊化した道真の名は、密教の五大明王《ごだいみょうおう》のひとつである大威徳明王にもとづくと考えられる。智慧《ちえ》を司る文殊《もんじゅ》菩薩の化身、西方の守護神、水牛にまたがる姿といった大威徳明王の属性が、学者であり、九州（日本の西方）に流され、牛にまつわる逸話のある道真と重なったのだろう。その一方で、道真は天満大自在天《てんまんだいじざいてん》神《じん》とも尊称され、たんに「（天満）天神」と呼ばれるようにもなるが、これは大自在天に雷神としての天神などが習合して成立した神格と考えられる。大自在天は神威の強い仏教の守護神で、これもまた牛に乗った姿で表される。

死後四十年たって、道真は天皇を地獄で苦しめる怨霊、祟《たた》り神へと成長を遂げたのである。これが「菅原天神」の原像なのだ。ただし、**このような著しい怨霊視には、政治的な策謀もあったと考えることもできる。**道真を失脚させた藤原時平が他界したとき、その弟の忠平《ただひら》は三十歳で、彼はやがて摂政《せっしょう》・関白《かんぱく》にまで昇り詰めるが、忠平系の人々が、道真の怨霊説を世間に流布《るふ》させることで、時平から忠平への政権移行を推進させようとするもくろみがあったと想定することもできるからである。

Q25 平将門を皇位につけたのは八幡神と天神？

【平安時代】

◆八幡神と天神はいつのまにか反体制のシンボルになっていた

都の人々が菅原道真《すがわらのみちざね》の怨霊に震えおびえていた承平《しょうへい》（九三一～九三八）・天慶《てんぎょう》（九三八～九四七）の頃、国の東西で相次いで反乱が巻き起こった。ひとつは瀬戸内海における藤原純友《すみとも》の乱、もうひとつは関東を舞台とした平将門《たいらのまさかど》の乱である。

将門は桓武平氏《かんむへいし》の祖高望王《たかもちおう》の孫で、関東の下総《しもうさ》を本拠としていたが、一族内で紛争が起こると、おじの国香《くにか》を殺害して常陸《ひたち》・下野《しもつけ》・上野《こうずけ》の国府を陥れ、「新皇《しんのう》」と称して公然と朝廷に反旗を翻し、関東に独立国家を樹立することをめざした。

すると朝廷側は、追討の兵を組織するとともに、有力な神社に奉幣使《ほうへいし》を派遣したり、諸寺の密教僧に調伏《ちょうぶく》の祈禱《きとう》を行わせるなどして、神仏の力によって乱を平定することにも取り組んだ。奉幣された神社のなかには、当然宇佐八幡宮《うさはちまんぐう》も含まれていたが、奇妙なことに八幡神《はちまんしん》は反乱軍側の味方でもあった。将門が「新皇」を称した経緯について、乱後まもなく成立したとみられる『将門記《しょうもんき》』はこう記している。

将門が上野国府に入ったとき、巫女《みこ》が神がかりして、「八幡大菩薩の使い」と口走り、「朕《ちん》の位を平将門に授け奉る。その位記《いき》（位階が記された文書）は左大臣正二位《しょうにい》菅原朝臣《あそん》（菅原道真のこと）の霊魂が取次ぎ上書として捧げ奉るものだ。八幡大菩薩は八万の軍を起こして朕の位を授けるであろう」と告げた。

つまりここには、将門に「朕の位」を授与したのは八幡神と菅原道真の霊であり、その「朕の位」がすなわち新皇であったことが示されている。

『将門記』のこのくだりがすべて事実であるとは考えにくいが、当時の人々が、八幡神や道真の霊をどうとらえていたかはわかる。この時代、天皇を震え上がらせて怨《おん》霊《りょう》化した道真＝天神《てんじん》、道鏡《どうきょう》事件で皇位を揺さぶる託宣を発した**八幡神は、「反権力、既存の天皇制の否定の装置として機能」していたのだ**（飯沼賢司『八幡神とはなにか』）。

しかし平貞盛《さだもり》・藤原秀郷《ひでさと》らに攻められ、天慶三年（九四〇）、新皇将門はあえなく敗死。伝説によれば、京都でさらされた首は東国に帰り飛び、怨霊と化したという。

Q26 突如上洛した謎の志多良神とは？

【平安時代】

◆歌い踊る群衆を従えた神輿が石清水八幡宮へ

平安時代末期成立の史書『本朝世紀《ほんちょうせいき》』の天慶《てんぎょう》八年（九四五）七月～八月の条に、「志多良神《しだらがみ》」という謎めいた神にまつわる事件が次のように記されている。

この頃、都では東西の国から神々が入京するという流言が広まっていた。その諸神の名は志多良神ともいい、あるいは小藺笠神《こいがさがみ》とも八面神《やつおもてがみ》ともいった。

七月二十五日になって、数百人の人々が志多良神の神輿《みこし》三基をかついで摂津《せっつ》国河《かわの》辺《へ》郡を出発し、幣《ぬさ》を捧げ、鼓《つづみ》をうち、列をつくって歌い舞いつつ豊島《てしま》郡に到着した。道俗男女、貴賤老少が続々と詰めかけて市を成すように集まり、山をも動かすほどに歌舞がにぎやかに行われた。神輿は翌日朝には島下《しまのしも》郡に向けて出発した。

七月二十九日の夕刻、六基に増えた神輿は、千人、万人にふくれあがった群衆を従えて島上郡《しまのかみ》を出発し、幣帛《へいはく》を捧げ歌遊しながら山城《やましろ》国乙訓《おとくに》郡に入った。夜になると、一人の女性に神が乗りうつり、「吾《われ》は早く石清水《いわしみず》宮に参らん」と託宣を下したので、付近の郷の人々が身分の高下を問わず集まってきて、八月一日に神輿をになって石清水八幡宮に移した。なお、神輿のうちの一基は「自在天神《じざいてんじん》」を祀るものだったという(『吏部王記《りほうおうき》』)。「しだら」という名は、この神を祀るとき、人々が大勢集まって歌舞する際の囃子《はやし》、両手を拍《う》つことにちなむともいうが、よくはわからない。

天慶年間というのは、平将門《たいらのまさかど》の乱・藤原純友《ふじわらのすみとも》の乱が起こり、また菅原道真《すがわらのみちざね》の怨霊化による都の混乱、飢饉・疫病が続いて、世情不安定な時代だった。**志多良神入京は、このような世相を背景に、民衆の不安と世直しへの希望が直截に反映された、一種の宗教運動とみることができる。**将門の乱同様、反体制のシンボル神的な存在だった八幡神(八幡宮)や天神(道真)がからんでいることも興味深い(前項参照)。

寛弘《かんこう》九年(一〇一二)には設楽《しだら》神が鎮西《ちんぜい》から上洛して舟岳《ふなおか》紫《むらさき》野《の》に着いたという騒動があり(『百錬抄《ひゃくれんしょう》』)、平安時代、シダラ神が、絶えず移動する神として民衆の信仰を受けていたとも考えることができる。

Q27 住吉大神は現人神だった？

【平安時代】

◆あえて人の姿をとって行動した神

現人神《あらひとがみ》というと、神の末裔あるいは「生き神」のごとき存在とされた戦前の天皇観がイメージされがちだが、そもそも現人神とは、古代では、人の姿をとってこの世に示現《じげん》した神をさす言葉であって、必ずしも天皇をさすわけではなく、人間が生きたまま神になった「生き神」の意味はまったくなかった。『日本書紀』雄略《ゆうりゃく》天皇四年二月条には、葛城《かつらぎ》の一言主神《ひとことぬしのかみ》が天皇に対して「（我は）現人之神《あらひとがみ》ぞ」と答える場面があるが、これはそのことをよく物語っている。

そして古代、神々のなかでも、とくに「現人神」として人々から信仰を集め、親しまれた神が、住吉大神《すみのえのおおかみ》である。この神への信仰の本源である大阪の住吉大社《すみよしたいしゃ》は、社伝では、新羅《しらぎ》征討から凱旋した神功《じんぐう》皇后が、航海の神である表筒男命《うわつつのおのみこと》・中筒男命《なかつつのおのみこと》・底《そこ》筒男命《つつのおのみこと》の三柱の教えにしたがってこの神々の和魂《にぎみたま》を祀ったのを創祀とし、『日本書紀』神代第五段は「表筒男命・中筒男命・底筒男命は、これ即ち住吉大神なり」と記す。したがって、住吉大神とは、これら三神の総称とも考えられる。

そして、『摂津国《せっつのくに》風土記《ふどき》』逸文《いつぶん》には「神功皇后の世に、住吉大神が現れ出て天下をめぐった」、『住吉大社神代記』（八世紀頃）には「住吉大神は、霊男神人《くしきえおとこ》として現れ、宮城をつくるための材木を流し運んだ」などとあり、『伊勢物語』（平安中期）第一一七段では、住吉に行幸した天皇が歌を詠むと、住吉神が示現して歌を返している。また、鎌倉時代の『古今著聞集《ここんちょもんじゅう》』（一二五四）には、比叡山《ひえいざん》で写経をしていた最澄《さいちょう》の弟子の円仁《えんにん》のもとに、老翁の姿をした住吉神が杖にすがって訪ねてきて愚痴を言うという説話が収録されている。老翁姿は住吉神の普遍的なイメージであったらしく、住吉大社には、白い髭をはやした住吉神を描いた狩野元信《かのうもとのぶ》筆による有名な「住吉大神御神影軸」（戦国時代）が伝えられている。

「神は不可視」が古代以来の普遍的な認識だったが、そんななかで、**住吉大神は人の姿をとって行動するユニークな「現人神」として、人々に強く意識されていたのだ。**

Q28 陰陽師・安倍晴明が祀った泰山府君とは？

【平安時代】

◆陰陽道は外来でもなく、在来でもない宗教

平安時代の貴族社会で著しく発展をみた宗教に、陰陽道《おんみょうどう》があった。

律令《りつりょう》制下の日本の朝廷では、中務省《なかつかさしょう》の管轄下に陰陽寮《おんみょうりょう》という役所が設置された。陰陽寮は天体観測（天文）や暦、卜占《ぼくせん》などを司《つかさど》ったところで、このなかでもとくに国家的な卜占を担当したのが陰陽師《おんみょうじ》と呼ばれる人々だった（定員は六名）。つまり、陰陽師とは、本来は官職名であった。しかし、平安時代中期頃から陰陽寮の活動が活発化して、密教などの影響も受けて独自の祭祀儀礼が行われるようになると、陰陽寮の官人全般が「陰陽師」と呼ばれるようになり、やがて陰陽寮を辞した者や民間で陰陽寮的な占術・呪術を行う者も陰陽師と呼ばれ、彼らが担った祭祀儀礼全般が陰陽道と呼ばれるようになったのである。

◎陰陽道の主要祭祀

祭祀名	祭神名
泰山府君祭	閻羅天子、五道大神、泰山府君、天官、地官、水官、司命、司禄、本命神、開路将軍、土地霊祇、家親丈人〈寿命延長・息災を願う〉
天曹《てんちゅう》地府《ちふ》祭	天曹、地府、水官、北帝大王、五道大王、太山府君、司命、司禄、六曹判官、南斗好星、北斗七星、家親丈人〈病気平癒・息災を願う〉
本命《ほんめい》祭	天曹、地府、司命、司禄、河伯水官、掌籍、掌算之神〈本命日に寿命延長・招福を願う〉
招魂祭	皇霊、后土、司命、司禄、掌算、掌籍、東王父、西王母〈除病や息災などを願う〉
河臨《かりん》祭	天地霊神、司命、司禄、河伯父君、名山大川諸神祇〈水辺で行う祓〉

＊山下克明『陰陽道の発見』より。

陰陽師・安倍晴明。松明《たいまつ》を持って脇に控えているのは、晴明が使役した式神。菊池容斎画『前賢故実』（国立国会図書館蔵）より。

つまり陰陽道とは、「陰陽寮を母体に呪術宗教家としての陰陽師を中核として九世紀後半から十世紀にかけて成立した〈専門的職務＝呪術宗教〉であり、また専門家である陰陽師の〈学派的・集団的名称〉」（山下克明『陰陽道の発見』）をさすのだ。**外来でもなく、かといって在来でもない、さまざまな信仰・宗教が交流するなかで生まれたのが、陰陽道である**といえよう。

◈陰陽師が祀ったのは中国の神々

したがって、陰陽道そのものの生まれは日本だということもできるが、陰陽道において祭祀・信仰の対象となったのは、中国の民族宗教である道教《どうきょう》の神々だった。

たとえば、泰山府君《たいざんふくん》がそれである。泰山府君は、中国・五岳《ごがく》のひとつで死霊が集まる山とされた東岳泰山《とうがくたいざん》への信仰に由来し、道教では人間の生死を司る冥府《めいふ》の神とされた。陰陽道では、この神を勧請《かんじょう》して病気平癒《へいゆ》・予防や延命長寿を祈る、泰山府君祭という祭祀がしばしば行われたのである。

史料上で最初に確認できる泰山府君祭は、右大臣藤原実資《ふじわらのさねすけ》の日記『小右記《しょうゆうき》』に記録された、永祚《えいそ》元年（九八九）の一条《いちじょう》天皇に対するものである。天皇の父親の円融《えんゆう》法皇が、天皇に関わる不吉な夢をたびたび見たために行われたらしい。

そして、これを執り行った陰陽師が、安倍晴明《あべのせいめい》である。

そもそも泰山府君祭は、晴明が、道教系の祭祀を基礎に、地獄の諸官たちを供養して除災・延命を祈る「焔魔天供《えんまてんく》」という密教儀礼を習合させて、独自に作り上げたものであるとも考えられているのだ（斎藤英喜『陰陽師たちの日本史』）。

平安時代、泰山府君祭をはじめとする陰陽道の祭祀は、天皇・貴族たちを対象にしばしば行われ、宮廷行事にも溶け込んでいったが、これらは、**寺院で行われる仏教儀礼、神社で行われる神道祭祀とは違って、陰陽師が出向いて私宅や河原などを祭場とし、神々を勧請して行われるのが基本だった**。このことは、陰陽道祭祀を、国家の安寧や来世の安穏ではなく、個人の現世利益《げんせりやく》を願うためのものに特徴づけてゆくことになったとも考えられる。

陰陽道とその神々は中世・近世には庶民にも浸透し、明治維新まで、仏教・神道と並ぶ宗教のひとつとして日本人の生活に深く関わりつづけたのである。

神様のトリビア❷

平安貴族の娘はアマテラスを知らなかった

『更級日記《さらしなにっき》』（十一世紀半ば）は、菅原孝標《すがわらのたかすえの》女《むすめ》（一〇〇八〜？）が少女時代から晩年までの約四十年を回想したもので、平安日記文学の代表に挙げられる古典である。この中の、二十代半ばごろの記事に、こんなくだりがある。

「あるとき、浮ついた心をもつ私に『天照御神《あまてるおおんかみ》（アマテラス）をお祈り申しなさい』と勧める人がいた。ところが、私には、それがどこにおいでの神様なのか、それとも仏様なのかわからなかった。あとで人に尋ねて、伊勢国にいる神様であると知った」

作者の父孝標は菅原道真《みちざね》の直系の子孫にあたるが、官人としては中級どまりで、さほど出世することはなかった。しかしそれでも、菅原孝標女が名門貴族の生まれであったことは間違いない。そんな女性が、大人になってもアマテラスが何の神か知らなかった。これは、アマテラスが、国家の最高神という地位にありながら、平安時代半ばにおいては知名度は決して高くなかったことを示す例としてよく引かれる。

余談だが、筆者は子供時代、近所の天祖《てんそ》神社（東京都）を遊び場としていたが、そこが天照大神という神を祀っている場だと知ったのは、たしか中学生ぐらいのことであったろうか。

第3章

中世・近世編

武士の世における神様の役割

Q29 神仏習合で神様の存在はどう変わったのか？

【平安時代後半】

◆「神身離脱」を願って仏教に帰依した神々たち

仏教が六世紀までに日本に伝来して以降、仏と神は相互に影響を与えながら融合・混淆《こんこう》していったが、いわゆる神仏習合《しんぶつしゅうごう》は、大きくは二つの段階をとって進行した。

八世紀の奈良時代に入ると、日本の神々が仏法の守護神（護法善神《ごほうぜんしん》）として位置づけられる一方で、有力な神社の周辺に「神宮寺《じんぐうじ》」と呼ばれる寺院が建立されるようになる。氣比《けひ》神宮（福井県）や鹿島《かしま》神宮（茨城県）、宇佐八幡宮《うさはちまんぐう》（大分県）、伊勢神宮などが神宮寺を有した神社の最初期の例で、これが神仏習合の第一段階である。神宮寺があえて神社に隣接して建てられたのは、神もまた人間と同じく煩悩《ぼんのう》に苦しむ衆生《しゅじょう》のひとつであり、仏教に救済を求めていると信じられたからだ。つまり、神宮寺とは、「神身離脱《しんしんりだつ》」を願い、仏法に帰依《きえ》する神々のために建てられたものだった。

◎神仏習合の展開

神身離脱（8世紀）

神々が、神の身であることを苦しみ、その苦から逃れることを願って仏法に帰依すること。
○神社の境内または周辺に、神々のために神宮寺が建立された（氣比神宮、鹿島神宮、宇佐八幡宮など）。
○神身離脱を願う神々に対して、菩薩号が奉じられた（八幡大菩薩、多度大菩薩）。

八幡大菩薩

蔵王権現

本地垂迹（10世紀）

仏は神の本地（本体）であり、神は仏の垂迹（仮の身）であり、仏の化身であるという考え方。
○神社の祭神に対してそれぞれ本地仏が比定された（アマテラス→十一面観音、大日如来）。
○神社の祭神には「権現」号が付けられ、「神という仮の姿をとって出現した仏・菩薩」としてとらえられた（熊野権現、蔵王権現）。

神身離脱を願う神々に対し「菩薩《ぼさつ》」号が奉じられることもあった。宇佐八幡宮の八《はち》幡神《まんしん》に、桓武《かんむ》天皇が即位した頃（七八一年頃）、朝廷から「護国威力神通大菩薩《ごこくいりょくじんつうだいぼさつ》」の尊号が奉られ（『東大寺要録』）、やがて「八幡大菩薩」という呼び方が一般化してゆく。「菩薩」は、原始仏教では悟りを開いた仏（如来《にょらい》）の境地をめざして修行段階にある人間をさすが、大乗《だいじょう》仏教では、衆生を仏の世界に導く、仏と人間の中間的存在、仏に準じた存在としてもとらえられた。したがって、**菩薩を称する神の誕生は、日本の神々が、仏↓神↓人間というヒエラルキーに取り込まれたことをも意味していた。**

◆仏を主、神を従とする本地垂迹説の発生へ

平安時代半ばの十世紀になると、神仏習合はさらに進んで、「本地垂迹《ほんじすいじゃく》説」があらわれる。これが第二段階である（平安時代は通常は古代に区分されるが、本書では、平安時代半ばを神社史・神祇史の画期ととらえ、平安期後半を中世に含めた）。

「本地垂迹」とは、仏は神の本地（本体）であり、神は仏の垂迹（仮の身）である、という説だ。彼岸の世界にいる絶対的な存在である仏そのものは、人間の前に直接姿

を現すことはない。だが、仏は、日本の衆生を救うために、受け入れられやすいよう、仮に「神」という姿をとって出現している。つまり、神は仏の化身《けしん》・化現《けげん》なのだ、という考え方である。またここでは、仏が神よりも超越的存在として台頭したせいか、「神は不可視」という古来の神祇観が希薄になってしまっている点も注目される。

本地垂迹説が形成されると、神々に対して、それぞれ本地仏が比定されるようになった。たとえば、熊野三山《くまのさんざん》の本宮《ほんぐう》・新宮《しんぐう》・那智《なち》の祭神は、それぞれ阿弥陀如来《あみだにょらい》・薬師《やくし》如来・観音《かんのん》菩薩が本地仏とされ、皇祖神アマテラスに対しては、十一面観音や大日《だいにち》如来が本地仏にあてられた。さらに、有力な神社の祭神は「権現《ごんげん》」の称号で呼ばれるようにもなった。権現とは、「神という権《か》りの姿をとって現れた仏・菩薩」の意である。春日社の春日権現、熊野三山の熊野権現、吉野金峯山《きんぷせん》の蔵王《ざおう》権現などがそれである。

このような経過をへて、日本の神々は仏教の世界観の中に完全に取り込まれ、それが中世の宗教・思想の基調となった。そしてそれは江戸時代まで続いたのだ。

逆にいえば、**神々は、もはや古代の様相のままでは、中世〜近世の日本人の信仰にこたえきれなくなった**ということでもあったのである。

Q30 毘沙門天や大黒天は神様だった？

【平安時代後半】

◆日本に土着化したインド生まれの仏尊たち

ひと口に仏といっても、日本の神々と同様、多種多様だが、大きくは如来《にょらい》・菩薩《ぼさつ》・明王《みょうおう》・天部《てんぶ》の四種に序列化される。このうちの最下層にあたる天部は、仏法や寺院の守護神に位置づけられ、仏教では比較的低級の存在として扱われたが、ルーツはインド土着の神々で、それが仏教に取り込まれたものなのである。ちなみに、梵天《ぼんてん》、帝釈天《たいしゃくてん》、四《し》天王《てんのう》、弁才天《べんざいてん》、吉祥天《きっしょうてん》、大黒天《だいこくてん》、荼吉尼天《だきにてん》などがそれだ。「天」とは、サンスクリット語で「神」を意味する「デーヴァ」を漢訳した言葉である。

したがって、天部も広義ではあくまでも「仏」のカテゴリーに入るが、日本では、仏教が伝来し、諸仏への信仰がもたらされ、天部も含めた諸尊の仏像がつくられるようになると、**天部は日本の在来の神々と同列視されるようになった**。要因としては、天部が日本の仏教受容の早い段階から「神」とも呼ばれたこと、仏教が浸透していくなかで日本の神々もまた仏法の守護神として位置づけられるようになり、天部と区別されにくくなったことなどが考えられる。

さらに天部は、平安時代半ばから日本に土着化し、独特の変容を遂げていった。

四天王は、仏教の宇宙観では無色界《むしきかい》・色界《しきかい》・欲界《よっかい》の三界のうちの欲界にある六天の、一番下の四王天《しおうてん》の主《ぬし》とされている。四天王のうち、北方を守護するのが多聞天《たもんてん》だが、その異称が毘沙門天《びしゃもんてん》で、平安時代に入ると、朝廷では毘沙門天をとくに重んじるようになる。桓武《かんむ》朝で東北地方への進出がはじまり、北方の守護神である毘沙門天が、王城守護・国境守護の軍神《ぐんしん》として認識されたからである。京都の北方にあたる鞍馬《くらま》寺は、毘沙門天像が置かれてその信仰の中心のひとつとなった。

大黒天は、インドではシヴァ神の化身で武神とされ、密教では忿怒相《ふんぬそう》の天であったが、中国・日本に伝来すると寺院の守護神や福神として信仰されて柔和な姿で描かれるようになり、近世には字音の類似性から大国主神《おおくにぬしのかみ》とも習合して「だいこく様」とも呼ばれ、毘沙門天とともに七福神のうちに加えられるようになっている。

Q31 天台宗の秘神は中国産か、それとも日本産か？

【平安時代後半】

◆新羅明神は、渡来人の信仰と天台宗が習合したもの

中世に特徴的な神としては、中国に留学した日本の高僧たちの帰朝にともなって渡来したとされる神々も挙げられる。

新羅明神《しんらみょうじん》は、天台宗《てんだいしゅう》の名刹三井寺《みいでら》（園城寺《おんじょうじ》）の護法神で、境内の新羅善神堂には国宝の神像が秘仏として安置されている。『園城寺龍華会《りゅうげえ》縁起』（十二世紀頃？）などによれば、唐で修学した天台宗中興の祖円珍《えんちん》（八一四～八九一）が帰朝の折、船中に老翁が現れ、新羅明神だと名のり、教法の加護を約して姿を消したが、帰国後再び現れて円珍を三井寺に導いた。そこで三井寺の北側に祀られることになったという。

しかし、円珍の実際の帰国ルートは新羅《しらぎ》とは無関係とみられ、そのせいか、この伝承は、三井寺創立以前からこの地に住み着いていた、渡来系氏族大友《おおとも》氏の氏神《うじがみ》である

新羅系の神の信仰が、円珍の説話と結びつくことでできたものではないかとする見方がある（佐伯有清『円珍』）。また、円珍自身も新羅系渡来人の末裔であった。

比叡山《ひえいざん》西麓の赤山禅院《せきざんぜんいん》に祀られる赤山明神は、円珍とならぶ天台宗の中興円仁《えんにん》（七九四～八六四）が留学の帰途に感得した神と伝えられている。赤山明神は道教《どうきょう》における死を司《つかさど》る霊神泰山府君《たいざんふくん》と一体視されているが、円仁の感得説話は円珍の新羅明神に対抗してつくられたものと考えられている。

また天台宗では、念仏の守護神、あるいは比叡山の常行三昧堂《じょうぎょうざんまいどう》の守護神として摩《ま》多羅神《たらじん》という秘神が信奉されていて、天台密教の秘法（玄旨帰命壇《げんしきみょうだん》）の本尊とされている。この神も円仁が帰国する際に感得した神と伝えられているが、中国には摩多羅神に相当する神がみられないため、新羅明神や赤山明神の影響を受けて、日本で創造された神と考えるのが妥当だろう。

これらの護法神は、一般的には仏教の尊格に含められ、エキゾチックな雰囲気を漂わせてはいるが、実際のところは、**中世の神仏習合の混沌から産み落とされた、「日本の神」といえるだろう。**

Q32 祇園社に祀られた牛頭天王の正体とは？【平安時代後半】

◆牛頭天王はじつは仏典には出てこない

祇園祭《ぎおんまつり》で有名な京都の八坂《やさか》神社は、現在は祭神をスサノオとしているが、明治維新までは祇園感神院《ぎおんかんしんいん》あるいは祇園社と呼ばれ、神社でもありお寺でもあるような場所であった。祀られていたのは、これまた神とも仏ともつかないような、牛の頭をシンボルとして頭頂に据える牛頭天王《ごずてんのう》で、スサノオはその垂迹《すいじゃく》とされていた。

牛頭天王については、釈迦《しゃか》に寄進されたインドの祇園精舎《ぎおんしょうじゃ》の守護神とまず説明されるのが一般的で、それゆえに仏教系の尊格に分類され、祇園社という名称もここに由来すると説明されるのがふつうである。しかし、インドの仏典に牛頭天王について記すものは見当たらない。また、中世に成立した牛頭天王のインド由来を記す祇園社系の諸縁起には仏典が引かれているが、それらは、縁起を唱導した日本の陰陽師《おんみょうじ》ら

◎牛頭天王に関するさまざまな伝承・見解

○インドの祇園精舎の守護神。〈二十二社註式ほか〉

○異名を武塔天神といい、惜しまずに宿を貸した貧者の蘇民将来を助け、疫病除けの「茅《ち》の輪」を授けた。また、武塔天神はスサノオとも称した。〈伊呂波字類抄、備後国風土記逸文〉

○祇園社の主祭神は牛頭天王であり、その垂迹がスサノオである。〈二十二社註式〉

○播磨の明石浦に現れ、京都に遷った。〈二十二社註式〉

○須弥山中腹にある豊饒国の武塔天王の太子で、三尺の牛頭をもち、婆《は》梨《り》采女《さいにょ》を娶って八王子を産んだ。本地仏は薬師如来。〈祇園牛頭天王縁起〉

○朝鮮半島から渡来して京都・八坂郷に住み着いた人々が祀った神（スサノオ）。〈八坂郷鎮座大神之記〉

によって述作された偽典・偽書ではないかと推測されている。

◆異形の姿が物語る諸信仰の混淆

祇園社（創祀については七世紀説、九世紀説、十世紀説がある）の祭神名を史料からたどってみると、初期（十〜十一世紀）の記録をみると「天神」あるいは「祇園天神」と記され、他に婆梨女《はりめ》・八王子《はちおうじ》なども合わせて祀られていたようだが、牛頭天王の名はみえない。平安時代末期（十二世紀）成立の『本朝世紀《ほんちょうせいき》』中の延久《えんきゅう》二年（一〇七〇）の祇園社の火災を伝える記事にやっと「牛頭天王の足が焼損した」とみえ、やはり平安末に編まれた『伊呂波字類抄《いろはじるいしょう》』には、祇園社の祭神は牛頭天王であり、異名を武塔天神《むとうてんじん》というと記されている。武塔天神とは、『備後国風土記《びんごのくにふどき》』逸文《いつぶん》に、スサノオの異名で、貧者の蘇民将来《そみんしょうらい》を助けた疫病《えきびょう》除《よ》けの神として説かれる神である。

したがって、祇園社の祭神が牛頭天王とはっきり認識されるようになったのは、十二世紀頃からということになる。室町時代成立の『二十二社註式』になると、祇園社の主祭神は牛頭天王であり、その垂迹がスサノオであると記されている。

一方、八坂神社が蔵する古文書『八坂郷鎮座大神之記』には、斉明《さいめい》天皇二年（六五六）に朝鮮半島から来朝した調進使伊利之使臣《いりしおみ》が、新羅《しらぎ》国の牛頭山からスサノオの神霊を遷《うつ》して八坂に祀ったのが神社のはじまりと記され、現在の八坂神社はこれを創祀伝承としている。この縁起書の成立年代は明確ではないが、韓国の江原道《カンウォンド》春川《チュンチョン》に牛頭山があり、八坂郷が渡来系氏族八坂造《やさかのみやつこ》の拠点だったことは確かである。

祇園社の宝殿の下には龍穴があったという伝承などから、神話学者の松前健は、祇園社の祭神は、この地に住む渡来系農民によって祀られた水神系の蛇体の神が原型ではなかったかと指摘している（『日本の神話と古代信仰』）。また、『二十二社註式』には、牛頭天王ははじめ播磨《はりま》の明石《あかし》浦に現れ、そこから京都に遷ったという創祀伝承も記されているが、牛頭天王は「疫神信仰と陰陽道・宿曜道《すくようどう》の交流のなかから生まれた独特の神格で、播磨より京都に入った」（伊藤聡『神道とは何か』）とする見方もある。宿曜とは中世の日本で重んじられた密教系の占星術のことである。

牛頭天王の原像を突き止めることは難しいが、**その異形の姿は、種々の信仰を貪欲に吸収した、中世神仏習合のダイナミズムをリアルに表現しているのだろう。**

Q33 アマテラスに国譲りをした謎の魔王がいた？

【鎌倉時代】

◈『日本書紀』を超越した「中世日本紀」の誕生

『古事記』『日本書紀』は奈良時代はじめのほぼ同時期に成立したが、比較的早い段階から、正史である『日本書紀』の方が重視されていた。学者たちによって読みや語義に関してさまざまに注釈が加えられ、平安時代には宮中で『日本書紀』に関する講義（講書《こうしょ》）が国家的な行事として行われるようになった。これは十世紀なかばで途絶するが、入れ替わるように、平安末頃からは、和歌を研究する歌学者や神官、僧侶たちのあいだで『日本書紀』に対する関心が高まるようになる。しかも彼らは、宮中とは違って私的で自由な解釈を行い、しまいにはそれは『日本書紀』の原典を逸脱、さらには無視して行われるようにもなった。

たとえば、『古今和歌集序聞書三流抄《こきんわかしゅう》』（十三世紀後半）という『古今和歌集』仮

◎国土創世をめぐるさまざまな中世神話

『御鎮座伝記』より

大海の中にとある物が出現した。浮かんでいる姿は葦牙《あしかび》のようだった。そこから神人が化生し、天御中主神《あめのみなかぬしのかみ》と名乗った。そこでその地を「豊葦原中国《とよあしはらのなかつくに》」と号し、この神を豊《とよ》受大神《うけのおおかみ》と言うのである。

『神祇秘抄』より

イザナキ・イザナミが須弥山《しゅみせん》を開いて下界をみると、そこには国もなく島もなかった。天の逆矛《さかほこ》を指し下ろし、かき探ったところ、矛のしたたりが固まって島となり、「ア・ビ・ラ・ウン・ケン」の 5 文字（梵字）を顕した。そこに不思議な風が吹いて五角の島ができた。これが淡路島である。

『沙石集』より

日本開闢以前、大海の底に大日如来の印文があり、その上に天照大神が鉾を指し下ろし、したたる滴が固まって日本国が出来ようとする。それを見た第六天魔王は、この国が仏法流布の勝地となることを察知し、破壊しようと降りてくる。これに対して大神は三宝を身に近づけないことを誓約して魔王を追い返した。

左右に侍者を従えた第六天魔王（他化自在天）。欲界の最上天にある第六天の主で、仏法の敵対者。

名序（和歌の起源をスサノオに求めている）の注釈書には、「日本紀《にほんぎ》」（『日本書紀』の異称）によれば、天武天皇の御世に駿河国《するが》に竹取翁《たけとりのおきな》という者がいた」とあるが、もちろん、『竹取物語』でおなじみの「竹取翁」は、『日本書紀』には出てこない。中世にはこのように、「日本紀によれば」とありながら、『日本書紀』原典とはかけ離れたテキストを引文することがふつうに行われた。神話・伝説的な記述全般が「日本紀」と総称されたわけである。**中世に「日本紀」というブランドのもとに発生したこうした神話的テキストは、近年、研究者のあいだでは「中世日本紀」と呼ばれている。**

◆中世神話の主役となった第六天魔王の創世譚

中世日本紀は当初は断片的のものだったが、やがて注釈書のレベルを超えて独自の体系的な神話が新たに創出されるようになり、そこには仏尊や陰陽道《おんみょうどう》系の神も登場した。このような神話は、古代神話と区別されて、「中世神話」と呼ばれる。

仏教説話集『沙石集《しゃせきしゅう》』（十三世紀）には、編者が伊勢の神官から聞いたものとして、次のような国土創世にまつわる中世神話が記されている（大意）。

「日本開闢《かいびゃく》以前、大海の底に、大日如来《だいにちにょらい》の印文《いんもん》があるのを見つけたアマテラスが、鉾《ほこ》を指しおろすと、したたる滴が固まって国土の原型ができた。これを見ていた第六《だいろく》天魔王《てんまおう》は、この国に仏法が広まることを察知し、これを妨げるべく、天から降りてきた。しかし、アマテラスは『私は三宝《さんぼう》（仏・法・僧）を口にせず、身に近づけないと誓いますので、どうかお帰り下さい』と言って、魔王を追い返した」

「大日如来の印文」とは、密教の主尊である大日如来を象徴する梵字もしくは「印」（手指でつくる形）のことだ。第六天魔王とは、仏教では、欲界《よっかい》の第六番目の天（他《た》化自在天《けじざいてん》）にいて、仏法の流布を妨げるとされた邪悪な存在だ。つまり、アマテラスは日本を仏法をもとにつくったが、仏教に敵対する魔王と密約を交わして、この国から仏教を遠ざけることにしたと説かれている。アマテラスがイザナキや国常立尊《くにのとこたちのみこと》に入れ替わるパターンもあるが、大日如来と第六天魔王がモチーフとして登場する似たような神話はこの時代に広く流布した。『日本書紀』の創世神話を下敷きにしつつも、仏教的要素がまじり込んでいて、現代人には奇異に映るが、**神仏習合の影響下にあった中世人には、このような構造をもつ神話が広く浸透し、受容されていたのだ。**

Q34 アマテラスは蛇の姿だった？

【鎌倉時代】

◆中世の神仏習合理論が結実した皇祖神蛇体説

鎌倉時代、通海《つうかい》という僧が伊勢に参宮したおり、こんな言い伝えを耳にした。「斎《さい》宮《くう》のもとに、夜な夜な、天照大神が蛇の姿をして通っている。それで、斎宮の寝所の衾《ふすま》の下には、毎朝、蛇（くちなわ）の鱗が落ちている」（『太神宮参詣記《だいじんぐうさんけいき》』）。

斎宮とは、未婚の皇女から選ばれて伊勢神宮に遣わされる、皇祖神アマテラスに仕える最高位の巫女《みこ》のこと。そんな神聖な女性のもとに、蛇体のアマテラスが夜ごと通っていたというのだ。また、アマテラスといえば現代では女神をイメージするのがふつうだが、この言い伝えでは、アマテラスが男神であることがほのめかされている。

崇高な神が、とぐろを巻く不気味な蛇身をもつというのは、現代人からすると怪訝《けげん》に思えるかもしれない。しかし、美しい姫神の前に大物主神《おおものぬしのかみ》が蛇の姿で示現《じげん》したという三輪山《みわやま》伝承が示すように、古来日本では、その神秘的な形象や謎めいた生態ゆえに蛇は神の化身として畏敬され、生命力のシンボルとみなされていたのだ。通海が耳にした「蛇体のアマテラス」は、古代の蛇神信仰の残映と考えることもできるだろう。

だが、中世では、古代信仰とは明らかに別のレベルで、「蛇体のアマテラス」が示現することもあった。室町時代後期に伊勢神宮外宮《げくう》の神官が著した『元長修祓記《もとながしゅばつき》』という「祓《はらえ》」に関する書には「アマテラスのご神体は蛇体である。われらの三毒を受けて蛇体となっている」という記述がある。「三毒」とは仏教でいう「貪《とん》・瞋《じん》・痴《ち》」、要するに煩悩《ぼんのう》のことだ。この謎めいた一文は、「祓を行うとアマテラスは人間の煩悩を受けて蛇の姿をとるが、それは人間の苦を代わりに受けてくれているからだ」という教えを示し、「アマテラスのご神体は蛇体」であることは秘説中の秘説とされたという。また、中世の密教僧たちのあいだでは、蛇身のアマテラスを観想して神秘体験を得ようとする秘密行法も実践された。そこには、煩悩と悟りは不二《ふに》であるとする「煩《ぼん》悩即菩提《のうそくぼだい》」という大乗仏教の究極の教えも投影されていたとみられる。**蛇体のアマテラスは、中世の錯綜した神仏習合理論の結実ともいえる**だろう。

Q35 神々が至高神に下剋上を起こした？

【鎌倉時代】

◈アマテラスと同体とされた熊野権現

平安時代末期の応保《おうほ》二年（一一六二）、甲斐《かい》国の国守らが熊野社領である甲斐国八代荘《やつしろのしょう》（山梨県笛吹市八代町）を侵犯したとの訴えが、紀伊の熊野社側から朝廷に奏上された。熊野社は本宮《ほんぐう》・新宮《しんぐう》・那智《なち》の三社からなり、神仏習合下の平安時代には熊野権現《ごんげん》と総称され、本地仏《ほんじぶつ》が阿弥陀如来《あみだにょらい》・観音菩薩《かんのんぼさつ》とされたことから浄土《じょうど》信仰とも結びついて、この当時は上皇・法皇や貴族らによる熊野詣《くまのもうで》が盛んに行われていた。

すると、この訴訟をきっかけに熊野社の祭神（熊野権現）の尊貴性をめぐって論争が生じたが、注目されるのは、「熊野権現は伊勢神宮（アマテラス）と同体である」という説が官人たちのあいだで示されたことだ（『長寛勘文《ちょうかんかんもん》』）。これは、熊野社領侵犯の罪名（大不敬）は、熊野社が大社にあたるか否かがポイントになったからだ。

◎中世における各地のおもな有力神社

＊(　) 内は祭神名。

中世には、記紀神話を中核とした古代的神祇観が崩れ、全国各地の有力神社が勢力を伸ばし、伊勢神宮（アマテラス）に対抗する姿勢もみせるようになった。

「熊野と伊勢は同体」説を唱える官人は、その根拠として「イザナミ」を挙げる。大《だい》外記《げき》（太政官《だいじょうかん》の役人）の中原師光《なかはらもろみつ》は、熊野権現はイザナミの霊魂であり（『日本書紀』に、イザナミは「紀伊国熊野の有馬村」に葬られ祀られたとある）、しかもイザナミはアマテラスの母神なので、熊野と伊勢はその尊さに差異はないと説く。さらに は「熊野の霊山より先にあるものはない」とまで述べて、熊野の至高性を強調した。

これに対して非同体論も提出されたが、結局、国守側は罪を問われて配流《はいる》・投獄されている。しかし、訴訟の結果はどうあれ、人々の関心を引いたのは、熊野の祭神が、古代においては至高神であることに異論のなかった伊勢と同格、あるいはそれを上回る神格をもつと論じられた点だろう。背景には、熊野信仰の高まりもあると思われる。

そして中世の熊野社は、「日本第一大霊験《れいげん》熊野三所《さんしょ》権現」とも称するようになった。

◆次々にアマテラスに反抗しはじめた日本各地の神々

中世、祭神が、古来至高とされた伊勢神宮（アマテラス）よりも優位にあることを誇示する神社は、じつは熊野社に限らなかった。

比叡山延暦寺《ひえいざんえんりゃくじ》の鎮守《ちんじゅ》、天台宗の守護神に位置づけられて発展した日吉社《ひえしゃ》について、山王神道《さんのうしんとう》（天台宗に日吉社の信仰が融合した神仏習合神道）の教理書である『耀天《ようてん》記《き》』は、「山王（日吉社のこと）は日本無双の霊社、天下第一の名神。諸神の中には根本、万社の間には起因なり」と述べている。石清水八幡宮《いわしみずはちまんぐう》の八幡神（八幡大菩薩）の霊験を記した『八幡愚童訓《はちまんぐどうきん》』（十四世紀頃）には、「八幡大菩薩は十方の諸仏よりも尊く、三千の神祇よりもすぐれた徳をおもちである」という文言がみえる。日光三所権現（二荒山《ふたらさん》神社）の『日光山縁起』（十四世紀頃）には、「日光山の利生《りしょう》はことに余社を超えるものがある」とある。

各地の有力社の祭神が、アマテラス（伊勢神宮）という至高神を相対化し、あるいはみずからの優越を声高に主張するようになる、中世神道のこのような動向を、「神々の下剋上《げこくじょう》」と評する論者もいる（高橋美由紀「伊勢神道の成立とその時代」、『日本精神史』所収）。中世に至り、記紀神話を中心とする古代的な神祇観が崩れ、**本地垂迹《ほんじすいじゃく》説などとも結びついて自由に神話を読み替えてそれぞれに神威を主張する、いわば神々の戦国時代がはじまったのである。**

Q36 鎌倉新仏教が弾圧された本当の理由とは？

【鎌倉時代】

◆親鸞は、日本のカミの権威を否定して異端視された

中世は、「鎌倉新仏教」が勃興し、日本仏教が大きく変革した時代でもある。鎌倉新仏教とは、一般には、浄土宗《じょうどしゅう》・浄土真宗・時宗《じ》、禅宗（臨済宗《りんざい》・曹洞宗《そうとう》）、日蓮宗《にちれん》をさし、奈良仏教や真言宗《しんごん》、天台宗《てんだい》などの既成伝統仏教に対抗して成立したが、それゆえに伝統仏教側から異端視され、抵抗や弾圧を受けたととらえられている。しかし、彼らがはげしい弾圧を受けたのは、たんに「伝統仏教」に対する脅威と受け止められたためだけではなく、そこには、日本の神々への信仰の問題も深くからんでいた。

鎌倉新仏教のなかでも先駆的な存在であり、かつはげしい弾圧を受けたのは、「専《もっぱ》ら念仏（南無阿弥陀仏《なむあみだぶつ》）のみを称えよ」とする専修念仏《せんじゅ》の教えを説いて浄土宗の開祖となった法然《ほうねん》と、法然の弟子で浄土真宗の開祖となった親鸞《しんらん》である。比叡山《ひえいざん》を下りて

独自の布教活動を行った法然は、ほどなく比叡山や興福寺《こうふくじ》から批判を浴びるようになり、建永《けんえい》二年（一二〇七）には、弟子が女官を出家させた事件にからんで朝廷によって四国に配流《はいる》され（当時七十五歳）、親鸞は越後に流された。

　これに先立ち、興福寺は九つの過失を挙げて専修念仏者を批難する奏状（「興福寺奏状」）を朝廷に提出しているが、その過失のひとつは「霊神を背く失」で、日本の神々を顧みず神祇を礼拝しようとしないことが、専修念仏者の悪行に挙げられていた。

　法然については神社参詣を必ずしも否定しなかったとする見方もあるが、親鸞は『教行信証《きょうぎょうしんしょう》』などで、神祇不拝の立場を明確にしている。なぜ専修念仏が神祇不拝を唱えたかというと、「南無阿弥陀仏」と称えて阿弥陀如来に絶対的に帰依《きえ》すれば、それだけで救済され、浄土に往生できると信じ、**阿弥陀と念仏者の間を、仏・菩薩《ぼさつ》の化身である神々が媒介する必要は一切ないと考えた**からだ。しかし、神仏習合・本地垂迹説が浸透していた中世の日本において、神々の礼拝《らいはい》を拒絶することは、モラルの著しい逸脱ととらえられる行為だった。鎌倉新仏教の異端性と革新性はそこにあった。とはいえ、新仏教の祖師たちも、神々の存在自体は決して否定しなかったのである。

Q37 熊野神と時宗の開祖一遍の深い関係とは？

【鎌倉時代】

◈神社で阿弥陀如来のお告げを聞いて悟りを開く

平安時代から近世にかけて神仏習合あるいは修験道《しゅげんどう》の聖地としてにぎわった紀伊半島の熊野三山《くまのさんざん》のひとつ、熊野本宮大社は、明治なかばまでは「大斎原《おおゆのはら》」と呼ばれる熊野川の中州を社地とし、そこに巨大な礼堂《らいどう》や社殿が建っていた。

文永《ぶんえい》十一年（一二七四）、この地を智真《ちしん》という名の遊行僧《ゆぎょうそう》が訪れた。

伊予《いよ》に生まれた智真は、少年時に出家して浄土教《じょうどきょう》を学んだのちいったん還俗《げんぞく》したが、その後遁世《とんせい》し、信濃《しなの》の善光寺《ぜんこうじ》への参詣や、伊予の窪寺《くぼでら》・岩屋寺《いわやじ》での参籠《さんろう》をへて、自らの念仏信仰を深めた。彼は道中、六字名号《ろくじみょうごう》（南無阿弥陀仏《なむあみだぶつ》）が記された「賦算札《ふさんふだ》」を人々に配り、念仏信仰を勧進《かんじん》しながら熊野をめざしていたが、その途次、ある僧侶に賦算札を渡そうとしたところ、「私は念仏の信仰がないので受けられない」と断られる。

智真はこのことに大いに悩んだが、熊野本宮の証誠殿《しょうじょうでん》で神託をあおぐと、こう答えが返ってきた（おそらく、熊野山伏《やまぶし》を霊媒とした神託だったのだろう）。「信不信をえらばず、浄不浄をきらはず、その札をくばるべし」（『一遍聖絵《いっぺんひじりえ》』）。

念仏は、信仰の有無にかかわらず、結衆《けっしゅ》（加入者）の数が多ければ多いほど、功徳《くどく》が大きくなるというのだ。これを機に智真は一遍《いっぺん》と名を改め、賦算札に「決定往生《けつじょうおうじょう》六十万人」の文字を追加し（「一生涯で六十万人に札を配って教化《きょうけ》する」という誓いを示す）、遊行と勧進を続けた。これが一遍を開祖とする時宗《じしゅう》（時衆）の開宗である。

一遍が神託を乞うた証誠殿は熊野本宮の本殿だが、ここに祀られる神（熊野権現《ごんげん》）の本地は、阿弥陀如来とされていた。古来、他界信仰の聖地だった熊野が、阿弥陀如来の極楽浄土になぞらえられたためだろう。つまり、**一遍は、自らの信仰の疑念を、神を介して、念仏信仰の本尊である阿弥陀如来にたずね、悟りを得た**のである。

このようなことから、時宗では熊野を開祖成道《じょうどう》の地として重んじ、時宗の布教が熊野信仰の流布《るふ》に重要な役割を果たすことにもつながった。本宮大社の旧社地である大斎原には、成道を記念する「南無阿弥陀仏」と書かれた名号碑が建っている。

Q38 「神国」思想は、じつは「仏国」思想だった？

【鎌倉時代】

◆日本ナショナリズムの母胎になった中世の神国思想

「神国《しんこく》」という概念は、従来、「日本は、日本固有の神々によって生成された国であり、異国とは違って、神々によって特別に守護されているのだ」というイデオロギー的なものとしてとらえられ、こうした排外的な要素をもつ神国思想は、中世、とくに鎌倉時代の蒙古《もうこ》襲来によって対外的な緊張が高まった折に台頭した、というふうに論じられることが多かった。また、神国思想は神の子孫とされる天皇を絶対化し、万世一系を強調する思想に結び付けられた、ととらえられることも多い。

このような見方を裏づけるものとしてしばしば挙げられるのが、南北朝の動乱のさなか、南朝の正統性を論じるために編まれた北畠親房《きたばたけちかふさ》『神皇正統記《じんのうしょうとうき》』（延元《えんげん》四年／暦応《れきおう》二年〔一三三九〕）の冒頭文である。

◎神国思想の展開

中世日本の基本的な世界観
＝
世界の中心は釈迦の生まれたインド
日本は辺境の小国

↓

日本は、辺土の小国だからこそ、仏の化身である神々に助けを請い、その加護を受けることができる

↓

日本は「神国」である！

須弥山《しゅみせん》図。仏教の宇宙観では、巨大な須弥山（蘇迷盧山）を中心に、四大陸が東西南北に配され、そのうちのひとつがわれわれ人間が住む世界とされるが、粟粒のごとき小島（粟散国）とされる日本国は明示されない。『和漢三才図会』より。

「大日本《おおやまと》は神国なり。天祖《あまつみおや》はじめて基《もとい》をひらき、日神《ひのかみ》ながく統を伝へ給ふ。我国のみこの事あり。異朝にはそのたぐひなし。このゆえに神国といふなり」

ところが、近年では、研究者のあいだで、中世の神国思想を単純に日本の優越性を主張するナショナリズム的なイデオロギーととらえる見方に対する反論・異論が目立つようになってきている。

◆「神国」意識は、仏教の世界観にもとづいて誕生した

「神国」という語の所見は、『日本書紀』（七二〇）神功《じんぐう》皇后摂政前紀の新羅《しらぎ》親征の箇所で、日本が攻めてくることを知った新羅王は「東方に『神国』があると聞く」と述べ、とてもかなわないだろうといって日本に降服する。ここでの「神国」とは、「神々が加護する国」というニュアンスと解されるが、それが天皇や皇后ではなく、異国の王が発した言葉であることは、『日本書紀』が編纂された八世紀頃までは、日本側に「神国」という意識がさほど強くなかったことをうかがわせる。

平安時代以降、仏教が浸透して神仏習合が進み、仏を主、神を従とする本地垂迹《ほんじすいじゃく》

説が日本を席巻すると、日本の知識人は、日本が終末を迎える世にある「小国」だと意識するようになる。世界の中心は釈迦《しゃか》が仏法を説いた天竺《てんじく》（インド）であり、日本はそこからはるか遠くの辺境（辺土《へんど》）にある、粟粒のごとき小島（粟散国《そくさんこく》）にすぎない。しかも時代はいよいよ仏法が衰亡する末法《まっぽう》なのだ――という世界観である。

しかし、こうした世界観は、必ずしも自国を終始ネガティブに評価することにつながったわけではなかった。なぜなら、「辺土の小国であるからこそ、われわれは仏の化身である神々の助けを請い、そして神々の加護を受けることができるのだ」という逆説的な発想がなされたからだ。十三世紀成立の仏教説話集『沙石集《しゃせきしゅう》』の「わが国は神国として大権《だいごん》（仏・菩薩の化身）が跡を垂れておられる」という記述は、そうした考え方のあらわれだ。つまり、「仏が神として垂迹したから、日本は神国なのだという論理が、神国思想の核心をなしていた」のであり、「中世の神国思想は、逆に、仏教が日本に土着化し社会に浸透していくことによって、はじめて成立することが可能になった」（佐藤弘夫『神国日本』）のである。**「神国」思想は、本来仏教を排斥するものではなく、もちろんたんなる自国優越思想でもなかったのである。**

Q39 なぜアメノミナカヌシは中世神道の根元神となったのか？

【鎌倉時代】

◆存在感の薄い記紀神話の始原神

『古事記』神話の最初の場面に現れた、天之御中主神《あめのみなかぬしのかみ》・高御産巣日神《たかみむすひのかみ》・神産巣日神《かむむすひのかみ》の三柱は万物を創造した神ということで造化三神《ぞうかのさんしん》とも呼ばれるが、このうちのトップであるアメノミナカヌシについては、高御産巣日神・神産巣日神と違って、古い神社にこれを祭神とするところがなく、また『古事記』ではこの冒頭の一箇所で言及されるのみで、何ら事績は記されていない。そのため、実体をもたない、観念的な神格であると古くから考えられてきた（18ページ参照）。

『日本書紀』では、天地開闢《てんちかいびゃく》時に最初に現われる神は、「葦《あし》の芽（葦牙《あしかび》）」のような形状をしたクニノトコタチ（国常立尊《くにのとこたちのみこと》）だが、この神も、アメノミナカヌシ同様、続く神話部分にはまったく登場せず、存在感はきわめて薄い。

◎根元神としてのアメノミナカヌシ

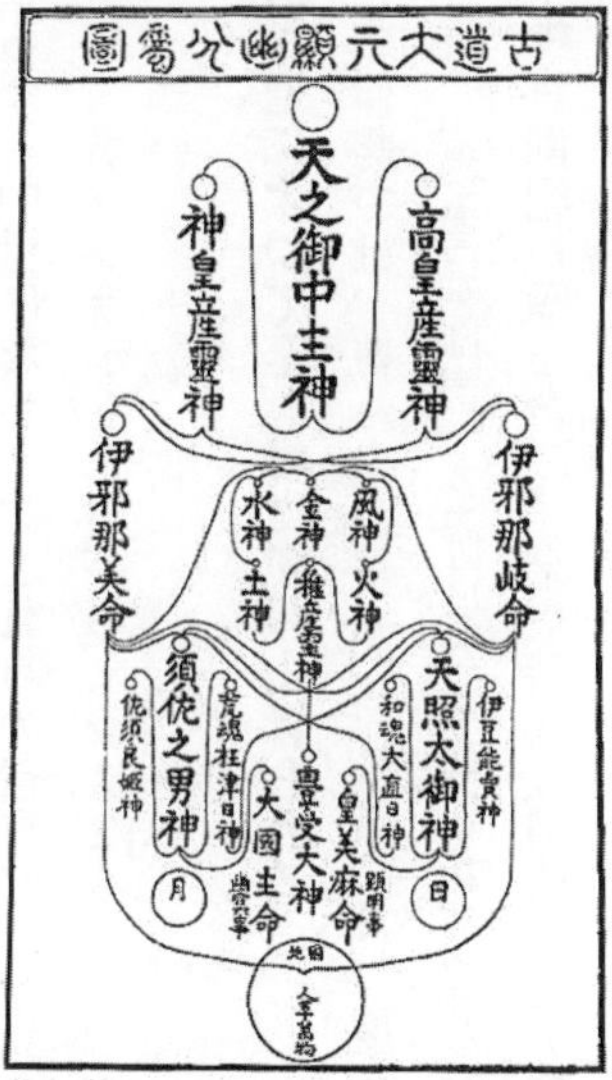

江戸時代後期の神道家・平田篤胤が著した「古道大元顕幽分属図」より。篤胤はアメノミナカヌシ（天之御中主神）を「天地万物の大元主宰神」ととらえた。中世に発した始原神への考察は、篤胤を中心とした復古神道にも大きな影響を与えている。

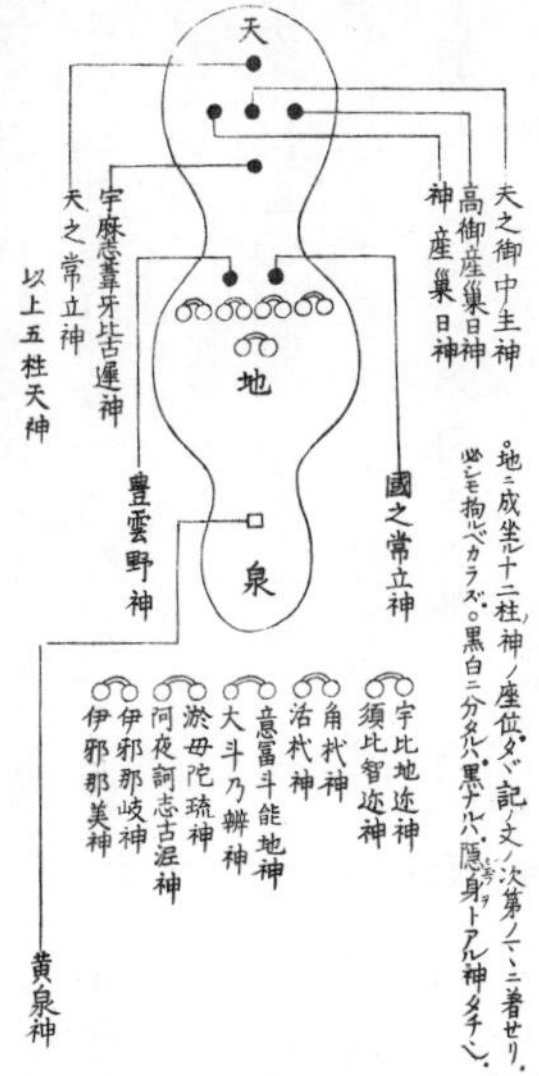

服部中庸『三大考』（江戸時代後期、国立国会図書館蔵）より、天地開闢の始原神を解説した図。中庸は、本居宣長に師事した国学者。記紀神話で、宇宙と神々の生成過程の説明を試み、その考えは平田篤胤らに継承された。本図は宣長『古事記伝』の付録として収載された。

ところが、中世になると、これらの目立たぬ原初の神々が、気鋭の神道家たちの手によってスポットライトを浴びるようになる。

◆伊勢神道によって至高神に祀り上げられる

中世の伊勢では、豊受大神《とようけのおおかみ》を祀る外宮《げくう》の神官度会《わたらい》氏を中心に、独自の神道教説が展開され、「神道五部書《しんとうごぶしょ》」と呼ばれる典籍が成立した。これらは記紀とは異なる開闢神話や神宮創祀伝承を含み、奈良時代以前成立との奥書をもって秘書扱いされたが、実際には鎌倉時代に度会氏らが撰述したものと考えられている。いわゆる中世神話である。その「神道五部書」のひとつである『御鎮座伝記《ごちんざでんき》』には、次のような開闢神話が記されている。

「大海の中にとある物が出現した。浮かんでいる姿は葦牙のようだった。そこから神人が化生《けしょう》し、アメノミナカヌシと名乗った。だからその地を豊葦原中国《とよあしはらのなかつくに》（日本国の美称）と号し、この神を豊受大神というのである」

古来、外宮に祀られる豊受大神は内宮《ないくう》に鎮座するアマテラスの食事（御饌《みけ》）を司《つかさど》る

「御饌都神《みけつかみ》」とされてきたが、『御鎮座伝記』では、「豊葦原中国」を媒介として、天地開闢の第一神であるアメノミナカヌシと同体だと説かれている。これは、豊受大神がアマテラスに先行する根元神・至高神であると示すことで、外宮が内宮と同格、さらには優位にあろうとする意識のあらわれと読み取ることも可能である。実際、こうした主張がもとで、中世には内宮と外宮が反目し、抗争が生じるにいたっている。

このように、中世神話においては、アメノミナカヌシやクニノトコタチといった開闢神話の神々がしばしば重視され、神道家たちは皇祖神アマテラスよりも先に登場するこれらの神々に重要な意味づけを行って、独自の神道教説を提唱するようになってゆく。それは、これら原初の神々が、古代神話では冒頭に姿を現すのみで忽然と隠退してしまうため、神道家たちにとっては、神話テキストを付加させたりイメージをふくらませたりすることを行いやすい神格だったせいもあろう。こうして、**古代神話では観念上の神であったものが、現実性を獲得していった**のである。

ちなみに、度会氏は天村雲命《あめのむらくものみこと》を遠祖としているが、氏に伝わる系図は、天村雲命をアメノミナカヌシから十二代目の神としているという（山本ひろ子『中世神話』）。

Q40 アマテラスが応仁の乱後の京都に舞い降りた？

【室町時代】

◆伊勢の内部抗争を背景に、天皇も騙された珍騒動

洛中を荒廃させた応仁《おうにん》の乱が終わって十年ほどたった延徳元年（一四八九）、神道家の吉田兼倶《かねとも》が後土御門《ごつちみかど》天皇に、密かに次のような奏上を行った。「三月の深夜、京都の大元宮《だいげんぐう》の庭に光り輝く霊物が降り立ちました。十月には、快晴の日に、天から光り輝くものが大元宮の庭に着地しました。調べてみると、神器がいくつも発見されました」。そこで、天皇がその神器を検分してみると、なんとそれは伊勢神宮のご神体であることが判明したという（『宣胤卿記《のぶたねきょうき》』『延徳記』）。

吉田家は、神祇行政を司《つかさど》った役所である神祇官《じんぎかん》の次官を世襲した神道の名家である。大元宮とは、これより五年ほど前に兼倶が吉田山（京都市左京区）に造営した、天神地祇《てんじんちぎ》・八百万《やおよろず》の神を合祀《ごうし》した八角形の風変わりな神殿で、日本のあらゆる神々を

集めて祀った一風変わった神社である。

つまり、兼倶がいうには、伊勢神宮のご神体が光を発して京都に飛来し、自分が建てた大元宮に降臨した、というわけなのである。

天皇のお墨付きを得た兼倶は、早速、伊勢のアマテラスが京都に遷座したと触れ回った。しかし、密奏の内容自体、兼倶の作り話であったと考えられている。つまり、**兼倶は、自分がつくった大元宮の神威を高めるために、アマテラス飛来事件をこしらえて、天皇をも抱き込もうとした**というわけである。

とはいえ、天皇がこの密奏を真に受けたのも、それなりの理由があった。

伊勢では、鎌倉時代頃から内宮と外宮が対立するようになり、室町時代にはついに、両宮の御師《おんし》（下級職人）たちのあいだで戦闘が生じた。そして、ちょうど兼倶が密奏を行った年には、外宮の御師たちが内宮のある宇治の街を焼き、その火が神殿にまで及んでご神体の安全が脅かされる、という事態が生じていたのだ（『大乗院寺社雑事記』など）。したがって、当時の人々には、アマテラスが穢《けが》れた伊勢を嫌って飛び去ったという話は、さもありなんと受け止められたはずなのである。

Q41 戦国武将が尊崇した「天道」とは何か?

【室町時代】

◆一神教的観念が乱世の英雄を律した

戦国の乱世、生死をかけた戦いの中に常に身を置いていた武将たちは、それぞれに特定の守護神・守護仏を奉じ、戦《いくさ》にあたっては神仏の加護を真剣に祈った。その場合、祈願の対象になったのは、多くの場合、八幡大菩薩《はちまんだいぼさつ》、摩利支天《まりしてん》、毘沙門天《びしゃもんてん》、愛宕将軍《あたごしょうぐん》といった、武運をもたらすとされた軍神《ぐんしん》(仏も含まれる)だった。上杉謙信が毘沙門天を、対する武田信玄が不動明王《ふどうみょうおう》を篤く信仰していたことは、よく知られている。

だが、戦国武将たちの意識の中には、こうした軍神よりもさらに上位にくる、超越的な存在に対する観念があった。それが、「天道《てんどう》」である。

たとえば、北条早雲《ほうじょうそううん》の遺訓と伝えられる『早雲寺殿廿一箇条《そううんじどのにじゅういっかじょう》』には、第一条に「仏神を信じ申すべきこと」とあるが、第五条には、仏神は正直・誠実に拝まなければばならず、祈っても心が曲がっていれば「天道に放され申さん」とある。

上杉謙信が、北条氏政《うじまさ》との戦に際して神前で記した願文《がんもん》（『上杉家文書』天正三年〔一五七五〕四月二十四日願文）には、「以前に結んだ和睦を破った氏政は天道や神慮を知らない。だが、この謙信は善悪をわきまえ、天道を守っている。どうか物の道理にしたがって謙信の願いが叶えられますように」といったことが記されている。

また、武田勝頼《かつより》夫人は、八幡神への願文で、「勝頼は運を天道に任せて出陣した」と記している（『武田八幡文書』天正十年二月十九日願文）。

天道という語自体は古代から用例があり、天地自然の道理、または天地を主宰する神をさした。しかし**戦国武将たちは天道を、神仏の目に見えない働き、武運を左右する絶対的な意思というニュアンスに解した**。したがって、天道という語には、仏教・神道のみならず儒教や道教の思想と神々も包摂されることになった。そして武将たちは、天道にかなえば戦に勝利し、天道に背けば敗れるという論理で行動したのだ。天道思想には、ある意味、一神教的側面があるが、そのせいか、戦国時代にキリスト教を布教した宣教師たちは、デウス（神）を「天道」の語を用いて説明している。

Q42 信長が信奉した神とは何だったのか？ 【安土桃山時代】

◆自らを「生き神」と任じたリアリスト信長

一向一揆《いっこういっき》や法華《ほっけ》一揆を徹底的に弾圧し、比叡山《ひえいざん》を焼き討ちにして僧侶や信徒を虐殺し、山内の寺社を焼き払ったとされる織田信長は、神仏をも怖れぬ冷徹なリアリストであり、とくに、堕落した僧侶たちがはびこる仏教を軽視していたとみられることが多い。しかし、信長自身の内面的な信仰はそう単純なものではなかったようだ。

信長は、天正《てんしょう》九年（一五八一）に琵琶湖のほとりの安土山《あづちやま》に安土城を築くと、山内に摠見寺《そうけんじ》という奇妙な寺院を建立した。宣教師ルイス・フロイスの『日本史』によれば、信長は、篤い信仰を受けて人気のある神像・仏像を全国から徴発して寺に祀り、そのうえで、「盆山《ぼんさん》」と称する一個の石を寺内の一番高い場所につくった仏龕《ぶつがん》に安置し、領民には、信長の誕生日にこの石を礼拝《らいはい》しにくるよう命じたという。信長は「盆

◎織田信長の宗教関係史年表

永禄3年（1560）	信長、桶狭間に向かうにあたり、熱田神宮に参詣し、戦勝祈願を行う。
永禄3年4月	信長、イエズス会宣教師フロイスに布教許可を与え、京都居住を許す。
元亀元年（1570）	本願寺法主顕如、諸国の門徒・僧侶に信長打倒を命じ、各地で一向一揆が起こって信長軍と激戦（石山合戦の初め）。
元亀2年9月	信長、延暦寺を焼き討ちにする（堂塔伽藍3000坊が焼失、僧俗約4000人が殺戮される）。
天正2年（1574）	長島一向一揆が信長に降る。一揆勢は餓死し、籠城者が焼き殺される。
天正4年2月	安土城の築城開始（城内に摠見寺創建）。
天正8年3月	朝廷の仲介で信長と本願寺が和議を結ぶ。
天正9年8月	信長、高野聖千余人を捕えて処刑。
天正10年6月	本能寺の変。信長没。

摠見寺《そうけんじ》の山門。信長が安土城の城内に創建した。寺内には信長の分霊「盆山」が安置されという（ELK提供）。

山」を自分の分霊、自分のご神体とみなしていたらしい。

またフロイスは、『日本史』の中で、信長は「つねに神と仏の礼拝を意としなかったのみならず、それらを嘲弄《ちょうろう》したり、焼却することを命ずるほど」だったが、やがて「自らに優る宇宙の主となる造物主は存在しないと述べ……彼自身が地上で礼拝されることを望」み、また「あたかも神的生命を有し、不滅の主であるかのように万人から礼拝されることを希望」して、摠見寺を建立したのだとも記している（第二部四十章）。信長はみずからを生き神と任じたということであろう。「盆山」が実際にどのような形をしたものであったのかは定かではないが、それは、寺が建立されるまでは、六階七重からなる安土城の天主（天守閣）の一階に祀られていたという。

◆第六天魔王を称して王法と仏法の壟断をめざしたのか

安土城天主の二階の間には神仙が描かれ、正八角形をした五階の壁には釈迦と十大弟子、頂上の六階の黄金に輝く部屋の壁には、三皇五帝《さんこうごてい》（古代中国の伝説的な帝王）、孔門十哲《こうもんじってつ》（孔子の十人の高弟）らが描かれてあった。また、天主自体は仏教で世界の中心にそびえているといわれる須弥山《しゅみせん》をイメージしていたともいわれる。これらを、信長の仏教・儒教・道教への憧れを示すものと解する向きもあるが、逆に、諸宗教の上に自分が君臨していることの表明と読み解くことも可能だろう。

さらに、フロイスのイエズス会宛ての書簡（『耶蘇会士日本通信』一七五三年四月二十日付）によれば、武田信玄が信長宛ての書状の上書きに「天台座主《てんだいざす》沙門《しゃもん》信玄」と署名したのに対し（これは比叡山を焼き討ちにした信長に対する挑発とみられる）、信長は返書の上書きに「第六天魔王《だいろくてんまおう》信長」と記したという。

「第六天魔王」は、本来は仏教の尊格に属し、仏道の妨げをする悪魔とみなされていた（118ページ参照）。第六天魔王をめぐって発生した中世神話には、この魔王がアマテラスに神璽《しんじ》や誓約書を奉って、アマテラスの子孫つまり天皇が日本を統治することを保証する、という異伝的なものもあった（『太平記』など）。信長がこのような神話をくわしく知っていたかどうかは不明だが、彼が第六天魔王を称したのは、仏法と王法を壟断《ろうだん》する魔王の破天荒なイメージが、**戦国の覇者となるのみならず、天皇を凌駕《りょうが》し、神仏にも君臨しようとした彼の心を強く魅了したため**とも考えられよう。

Q43 江戸時代の庶民が家に祀った三柱の神とは？

【江戸時代】

◈アマテラス・八幡・春日が神道的道徳を養った

江戸時代、「三社託宣《さんしゃたくせん》」と呼ばれる掛軸が大量に制作され、庶民のあいだではこれを家の中に飾って礼拝することが流行した。これは、中央に天照皇太神宮《てんしょうこうたいじんぐう》（伊勢神宮）、右に八幡大菩薩《はちまんだいぼさつ》（石清水八幡宮《いわしみずはちまんぐう》）、左に春日大明神《かすがだいみょうじん》（春日大社）の各神号と、それぞれから発せられた託宣を記したもので、正直（天照皇太神宮）、清浄（八幡大菩薩）、慈悲（春日大明神）の教えを説き、図像をともなうものもみられた。

三社託宣の発祥については、鎌倉時代の正応《しょうおう》年間（一二八八～九三）に、奈良の東大寺東南院の庭前の池水に示現《じげん》したものとする伝承がある（『三社託宣抄』）。この時代、東南院は神道思想の学問所でもあった。

しかし、三社託宣が実際に広まったのは、室町時代後半以降のことで、吉田兼倶《よしだかねとも》

（140ページ参照）がこれを注釈するなどして自家の神道に導入し、吉田神道の発展とともに普及したためである。そのせいか、三社託宣は吉田家の本家たる卜部《うらべ》氏に下ったという起源説も現れている。

三社託宣は、兼倶による偽作ではないかとする説もあるが、**その内容は神道の道徳的教義を一般の人間にわかりやすく示し涵養《かんよう》するもので、また三社が日本の代表的神社でもあったことから、庶民に広く受容され、**それは明治時代まで続いたのである。

◎三社託宣

八幡大菩薩

鐵丸《てつがん》を食すと雖《いえど》も心の汚れたる人の物を受けず
銅焔《どうえん》に坐すと雖も心の穢れたる人の処に到らず

たとえ鉄の玉を口にすることがあろうとも、神は心汚れた人の献上物を受けず、溶けた銅に坐ることがあろうとも、神は心穢れた人の所には行かない。

天照皇太神宮

謀計は眼前の利潤たりと雖も必ず神明の罰に当る
正直は一旦の依怙《えこ》たりと雖も終《つい》に日月の憐《あわれみ》を蒙《こうむ》る

謀をめぐらす者は、目先の利益を得たとしても、後々必ず神が罰を下し、正直者は、一時的な不公平はあっても、最後には神々の恵みを受ける。

春日大明神

千日の注連《しめ》を曳くと雖も邪見の家に到らず
重服深厚《じゅうぶくしんこう》たりと雖も慈悲の室《しつ》に趣く可し

千日の清めの注連を引いて清めても、邪見ある者の所へは神は行かないが、喪が重なる人であっても、慈悲のある者であれば、神はその者の所へ行く。

Q44

江戸で大流行したちょっとヘンな神様とは？

【江戸時代】

◆にぎわってはさびれていった「流行神」

浅草に近い東京都台東区入谷《いりや》に太郎稲荷《たろういなり》という小さな社《やしろ》がある。江戸時代、筑後柳《ちくごやな》川《がわ》藩立花《たちばな》氏の下屋敷があったところで、藩主の信仰を受けて、筑後から屋敷神として勧請《かんじょう》されたのが起こりだという。当初は簡素な祠《ほこら》のようなもので、お宮の背後の藪は狐の棲家だったらしく、めったに参詣する人もいない、寂しい場所だった。

ところが、享和《きょうわ》三年（一八〇三）になると、どういうわけかご利益《りやく》があるという噂が立って、江戸中の老若男女が競って詣でるようになり、翌年にはますます参詣者が増え、奉納物は山のように積まれ、参道には茶店・酒店が建ち並んだ。新たに立派な社も建てられたらしい。しかし、一、二年もするとそのにぎわいも自然にやんで、元の静けさが戻ったという（斎藤月岑《げっしん》『武江年表《ぶこうねんぴょう》』）。

◎霊験あらたかな江戸の神々

願掛けの効能	神名・護符
頭痛の願	高尾稲荷、京橋の欄檻《らんかん》
疱瘡の願	錐大明神、鎧の渡しの河水、孫柄杓、浅草寺の仁王
虫歯の願	おさんの方、榎坂の榎、三途川の老婆
百日咳の願	石の婆々様、痰仏、日本橋の欄檻
怪我除けの願	鶏卵の守札、目黒の滝壺
夫婦仲の願	女夫《めおと》石
蛇除けの願	北見村伊右衛門の守札
痔の願	痔の神
脚気の願	幸崎甚内の墓石
眼病の願	大木戸の鉄
盗賊除けの願	茶の木稲荷
いぼ取りの願	痣地蔵
腰の下の病の願	子の聖
安産の願	節分の礼

＊『江戸神仏願懸重宝記』（1814年）より。

本所（墨田区付近）にあった女夫石。夫婦円満のご利益があるとされた。『江戸神仏願懸重宝記』より。

太郎稲荷は幕末の天保《てんぽう》（一八三〇～四四）や慶応《けいおう》（一八六五～六八）の頃にも流行ったことがあったらしい。にわかに流行した理由は定かではないが、享和三年が麻疹《はしか》の流行年だったことから、病気治しの霊験あらたかと語られたせいではないかとみる説がある（宮田登『江戸の小さな神々』）。

また、宝暦《ほうれき》（一七五一～六四）の頃、江戸・日本橋青物町《あおものちょう》の地中から稲を担った老翁の姿をした神像が出土、これを祀って翁稲荷《おきな》とした。ところが、ある年、その境内を穢《けが》した男が狂死すると、翁稲荷の祟《たた》りとあらたかな霊験の噂が広まり、人々が群参するようになった。しかし、この場合もしだいににぎわいは衰え、さびれていったという（『わすれのこり』）。このように、急激に流行り、やがてすたれてしまう神仏のことを、民俗学では「流行神《はやりがみ》」と呼ぶ。

◆庶民が熱心に信仰した得体の知れない神々

文化《ぶんか》十一年（一八一四）に刊行された、『江戸神仏願懸重宝記《がんかけちょうほうき》』という書がある。江戸市中のご利益のある神仏を挿絵入りで紹介したもので、いわば江戸流行神のガイドブックである。

「錐大明神《きりだいみょうじん》」という項には「両国橋の真ん中に立って、『飛驒《ひだ》の国錐大明神』と念じて北の方へむかい、錐を三本ずつ川の中へ流して、疱瘡《ほうそう》の平癒《へいゆ》を願えば、たちまち癒《い》える」と記されている。穴をあける錐を、呪具と見立てたわけである。

「石の婆々様《ばばさま》」の項には、「木挽町築地《こびきちょうつきじ》稲葉侯の屋敷に、老婆のかたちをした古びた石像があり、痰《たん》や咳《せき》が治るよう願掛けをすると、すみやかに治る」とある。この石像については、稲葉家の屋敷神となる前には、小田原・箱根間の風祭《かざまつり》の路傍に男神像とともに道祖神《どうそじん》のようにしてあったという伝承がある（柳田國男『日本の伝説』）。したがって、「関《せき》（境界）」を守る神というのが当初の信仰だったが、そこから「咳」を治すというご利益が連想されるようになったとも考えられる。


江戸時代のこのような流行神現象は、民衆の不安や欲望を反映したものだ——とは、よくいわれることだ。現代にも似たような現象がみられそうだが、とにかく江戸っ子たちの信仰心をとらえたのは、必ずしも有名な社寺の神仏ばかりではなく、無名の、しかも得体の知れない神々もまた熱い信仰の対象となったのである。

Q45 平田篤胤がオオクニヌシを復活させた？【江戸時代】

◆敗者・弱者の神から幽冥界の主宰神への変身

大国主神《おおくにぬしのかみ》（大己貴神《おおなむちのかみ》）といえば、記紀神話では、国作りを行ったものの、アマテラスから遣わされた建御雷神《たけみかづちのかみ》に国譲りをして、出雲大社の造営と引き換えに幽界に隠れたと記されていることから、敗者・弱者のイメージでとらえられることも多い。

ところが、近世、神話を過激に読み替えて、オオクニヌシを中心とする異端ともいいうる神道神学を打ち立てた人物が登場した。それが、平田篤胤《ひらたあつたね》（一七七六～一八四三）である。

国譲りに際し、オオクニヌシは「顕露《あらわ》の事はアマテラスの子孫が治めて下さい。私は幽事《かくれたること》を治めます」（『日本書紀』神代第九段）と語る。文脈からすれば「幽事」とは神事のことをさすとみるべきだろうが、これに対して篤胤は、幽事を、現世と隔された死後の世界、すなわち幽冥界と解釈し、オオクニヌシがこの幽冥界の主宰者であると説いたのだ。そして篤胤によれば、人間は生前は顕界を支配する天皇の下にあるが、死後は霊魂は幽冥界におもむき、オオクニヌシの支配を受ける。したがって、オオクニヌシは、人間の霊魂だけではなく、天《あま》つ神・国《くに》つ神をも支配する大神なのだという（『霊《たま》の真柱《みはしら》』『古史伝』など）。

　これによって篤胤は、「天＝顕」「伊勢」を中心とする構造をもつ記紀神話を乗り越え、**スサノオ→オオクニヌシ系の神を重視する、「地＝幽」「出雲」を中心とした新たな神道神学を確立した**のである。

　篤胤は、本居宣長《もとおりのりなが》を師と仰ぐ国学者で、幕末の尊皇攘夷《そんのうじょうい》運動のバックボーンとなった復古神道の土台を築いた巨人であり、その業績は多岐の方面にわたるが、彼の関心の中核にあったテーマは「死後の魂はどこへ行くのか」というものであった。出雲のオオクニヌシを「死後の世界の支配神」へと読み替えたのは、そんな彼の探究心の賜物であったともいえよう。そして篤胤は、この世は「寓世《かりのよ》（仮の世）にて、幽世《かくりよ》ぞ吾人《ごじん》（人間）の本世《もとつよ》なる」（『古史伝』）と断じている。

神様のトリビア❸

「GOD」の訳は「神」ではなかった？

戦国時代の十六世紀半ばに来日したイエズス会宣教師フランシスコ・ザビエルは、当初、日本の文化を尊重して、キリスト教用語をなるべく日本の言葉に置き換えて布教する方針を立てた。そして、教理書を翻訳する際、「ゴッド」（ラテン語ではゼウス）を「大日《だいにち》」と訳し、最初の二年間は「大日を拝みあれ」といって伝道した。この訳は、インドのマラッカで出会った最初の日本人アンジローのアイデアに従ったものらしいが、大日は真言宗《しんごんしゅう》の根本仏「大日如来」の略語で、アンジローは真言宗の信徒だったとみえる。誤解を招くおそれがあることに気づいたザビエルは、「大日」を捨て、原語デウス（ダイウス）をそのまま用いるようになった。

初期の宣教師たちにはゴッドを「天道」「天主」と訳す例もみられた。中国ではカトリック系が「上帝」と訳して普及したが、十九世紀に入り、プロテスタント系宣教師が「神」の字を用いるようになり、これが幕末の日本にも伝わったが、最初の和訳聖書『約翰福音之伝』（ヨハネによる福音書、一八三七年）では、ゴッドは「極楽」と訳されている。明治以降は、プロテスタントは「神」に統一したが、カトリックは「天主」を昭和戦前まで用いている。

第4章

近代・現代編

新たな信仰の登場

Q46 明治天皇が「五箇条の御誓文」を誓った相手は？

【明治時代】

◆京都御所の紫宸殿で行われた御誓文の祭祀

慶応《けいおう》三年（一八六七）十二月九日、当時十六歳の明治天皇は京都御所に集められた諸臣に対して、「王政復古の大号令」を発した。これは江戸幕府を廃絶し、「諸事神武《じんむ》創業《そうぎょう》之《の》始《はじめ》ニ原《もとづ》キ」行うこと、つまり神武天皇の時代に行われていたとされる祭政一致の政体に回帰することを宣言したもので、事実上、明治新政府の成立宣言であり、古代以来の神仏習合の廃止、つまり神仏分離の先触れでもあった。

そして、翌年三月十四日に明治天皇が発布したのが「五箇条《ごかじょう》の御誓文《ごせいもん》」である。

「一、広ク会議ヲ興シ万機《ばんき》公論ニ決スベシ／一、上下《しょうか》心ヲ一ニシテ盛《さかん》ニ経綸《けいりん》ヲ行フベシ／一、官武《かんぶ》一途《いっと》庶民ニ至ル迄　各《おのおの》其《その》志《こころざし》ヲ遂ゲ人心ヲシテ倦《うま》ザラシメン事ヲ要ス／一、旧来ノ陋習《ろうしゅう》ヲ破リ天地ノ公道ニ基《もとづ》クベシ／一、智識ヲ世界ニ求メ大《おおい》ニ皇基《こうき》ヲ振起スベシ」
「王政復古の大号令」も「五箇条の御誓文」も、天皇の名のもとに発せられたが、もちろん、その内容を作成し、発表のお膳立てをしたのは、岩倉具視《いわくらともみ》や木戸孝允《きどたかよし》ら、新政府の幹部たちである。そして、「五箇条の御誓文」は新政権の基本方針声明ともなったのだが、それにしてもなぜ「誓文」という形をとったのだろうか。そもそもこれは何に対して誓ったものなのだろうか。

　この日、明治天皇は群臣を率いて京都御所紫宸殿《ししんでん》に出御《しゅつぎょ》し、そこに設けられた神座《しんざ》に天神地祇《てんじんちぎ》（天つ神と国つ神）を祀った。そして新政府の副総裁である三条実美《さんじょうさねとみ》が祭文を奏し、続けて御誓文を奉読。終わると、三条以下の群臣が神位を拝してから奉答書に署名し、それが公布された（『明治天皇紀』）。つまり、「五箇条の御誓文」は、**天皇がみずから神おろしをして天神地祇を招きよせ、天地の神々に対して国家理念に関する誓いを立てるという形式をとったのだ。**これは明らかに、『日本書紀』にみえる、神武天皇の丹生《にう》の川上《かわかみ》や鳥見山《とみのやま》での祭祀（44ページ参照）を意識したものだろう。

　そして、これが、近代国家日本の出発点だったのである。

Q47 新宗教、天理教と大本教の神とは?

【明治時代】

◈天理教の教祖中山みきに憑いた神の名とは

幕末以降に、既成宗教に対抗する形で新しく生まれた宗教を「新宗教」と呼ぶ。幕末~明治期にとくに勢力をのばした新宗教教団として知られるのは、中山みきを教祖とする天理教《てんりきょう》と出口《でぐち》ナオ・王仁三郎《おにさぶろう》を教祖とする大本教《おおもときょう》(大本)である。

現在の天理教の公式見解によれば、天保《てんぽう》九年(一八三八)、大和国《やまとのくに》山辺《やまべ》郡庄屋敷村(現在の奈良県天理市三島町)の庄屋に嫁いでいた当時四十一歳の中山みきに「我は元《もと》の神・実《じつ》の神である」「みきを神のやしろに貰い受けたい」といった天啓《てんけい》が下った。これは親神「天理王命《てんりおうのみこと》」がみきを通して下した最初の啓示で、天理教はここに始まったとされている。天理教では天理王命は創造神とされ、教団の主宰神でもある。

ところが、宗教学者の島田裕巳によれば、「みきが、神のやしろとして貰い受けら

◎幕末〜明治期に生じたおもな教団

教団名	教祖・創始者	創立・立教年	祭神
黒住教《くろずみ》	黒住宗忠	文化 11 年 (1814)	天照大御神
天理教	中山みき	天保 9 年 (1838)	天理王命
金光教	金光大神	安政 6 年 (1859)	天地金乃神
禊教《みそぎ》	井上正鐵	明治 5 年 (1872)	天照⦸太神
神宮教	浦田長民	明治 5 年 (1872)	天照大神
出雲大社教	千家尊福	明治 6 年 (1873)	大国主神
御嶽教《おんたけ》	下山応助	明治 15 年 (1882)	御嶽大神
大本教	出口ナオ、出口王仁三郎	明治 25 年 (1892)	国常立尊他

◎大本教教典に記された出口ナオへの神の啓示

明治二十五年旧正月……日

三ぜん世界一度に開く梅の花、艮《うしとら》の金神《こんじん》の世に成りたぞよ。梅で開いて松で治める、神国《しんこく》の世になりたぞよ。日本は神道、神が構《かま》はな行けぬ国であるぞよ。外国は獣《けもの》類の世、強いもの勝ちの、悪魔ばかりの国であるぞよ。日本も獣の世になりて居るぞよ。外国人にばかされて、尻の毛まで抜かれて居りても、未だ眼が覚めん暗がりの世になりて居るぞよ。是では、国は立ちては行かんから、神が表に現はれて、三千世界の立替へ立直しを致すぞよ。

(『大本神諭 天の巻』「第一輯」より)

れたと伝える最初の資料は、明治の中期になって記されたもので、それ以前の資料には、そうした事実はいっさい記されていない。……神憑《かみがか》りをくり返したと述べられているだけ」（『天理教』）だという。また、みきに天降ったとされる神は、初期には、天理王命ではなく、天倫《てんりん》王命や天龍《てんりゅう》王命、天輪《てんりん》王などと呼ばれていたという。

その後、みきが安産や病気治しの祈禱《きとう》などを行って周囲の人間を救済し、その宗教的活動が評判になると、祈禱を生業としていた山伏《やまぶし》たちがそれを妨害するようになる。そこで、慶応《けいおう》三年（一八六七）、みきの長男秀司が当時の神道を取りしきっていた京都の吉田家に入門し、布教の公許をとりつけたが、このときに吉田家から出された許可証によれば、秀司は「天輪王明神」を祀ることを願い出たという。また、みきの周囲に形成された信者集団は、一時「講《こう》」の形態をとり、明治十三年（一八八〇）頃には「転輪王講社《てんりんおうこうしゃ》」を名乗っていた。「転輪王」とは仏教系の尊格の名である。

◆最初は金光教と共同で布教していた出口ナオ

明治二十五年（一八九二）二月、京都府綾部《あやべ》で貧しい暮らしを続けていた当時五十七歳の出口ナオが突然はげしい神憑り状態となった。憑依《ひょうい》した神は「艮の金神《うしとらこんじん》」と名乗り、ナオを介して、「三ぜん世界一度に開く梅の花、艮の金神の世に成りたぞよ」といった神示を「お筆先《ふでさき》」という形で次々に下すようになった。これが大本教のはじまりとされ、のちにナオの娘婿となって教団を大きく発展させた出口王仁三郎は、ナオに憑《つ》いた「艮の金神」は、じつは天地開闢《かいびゃく》の神であり国祖でありながら、退隠し艮(東北)の地に長く鎮まっていた国常立尊《くにとこたちのみこと》のことだと説明している。

しかし、「金神」とは、古来、祟《たた》り神として恐れられた陰陽道《おんみょうどう》系の神で、これを天地の祖神ととらえ「天地金乃神《てんちかねのかみ》」と呼んで主神としたのが、やはり幕末に誕生した新宗教の金光教《こんこうきょう》だった。ナオは神憑りになる五年ほど前から金光教の信者となっていたので、「艮の金神」に金光教の影響をみることは可能だろう。実際、ナオは明治三十一年に王仁三郎と出会うまでは、金光教と共同で布教活動を行っていたのである。

多くの新宗教は、客観的な立場からみると、**必ずしも突然変異的に発生したわけではなく、既成宗教を発展させる形で成立し、徐々に独自の神話や教義が整えられていった**様がわかるものだが、それはあらゆる宗教についてもいえることだろう。

Q48 なぜ平将門は一時、神田明神の祭神から外されたのか？

【明治時代】

◆明治天皇の参拝に合わせて「逆賊」を強引に遷座

神田明神《かんだみょうじん》の通称で知られる神田神社（東京都千代田区外神田）は、社伝によれば、天平《てんぴょう》二年（七三〇）、武蔵《むさし》国豊島《としま》郡芝崎《しばさき》（現在の千代田区大手町一丁目付近）に出雲系氏族が大己貴命《おおなむちのみこと》を祀ったのがはじまりであるという。

平安時代、東国を本拠とする平将門《たいらのまさかど》が乱を起こしたものの敗死。その首は京都でさらされたが、東国へ飛んで芝崎に落ちた。住民は塚を築いて葬ったが、その後、将門の怨霊《おんりょう》はしばしば祟《たた》りをなした。鎌倉時代末期に時宗《じしゅう》の遊行《ゆぎょう》僧真教《しんきょう》が供養し、さらに神田の宮に合祀《ごうし》したところ、ようやく祟りが収まったという。ちなみに、将門伝説の伝播には、怨霊の慰撫《いぶ》と供養を行った遊行の念仏聖《ひじり》たちが一役かったらしい。

江戸時代になると、江戸城の造成工事にともなって、駿河台《するがだい》、次に湯島台の現在地へと遷座し、神田明神は江戸城の鬼門除《きもんよ》け、江戸総鎮守《そうちんじゅ》として徳川幕府からも篤く崇敬されるようになり、社殿は壮麗化し、旧社地の首塚も丁重に祀られた。朝敵といわれた人物の霊を祀る神社を幕府が保護したのは、ひとつには、かつての東国の覇者であった武家に対する尊崇の念があったからだろう。

ところが、明治維新をへた明治七年（一八七四）八月、唐突に常陸《ひたち》の大洗磯前《おおあらいいそさき》神社から少彦名命《すくなひこなのみこと》が本殿に勧請《かんじょう》され、それと入れ替えに、将門の霊が別殿（摂社《せっしゃ》）に遷《うつ》されてしまった。翌月には明治天皇が参拝している。このような不自然な遷座が行われたのは、明治元年から准勅祭社《じゅんちょくさいしゃ》となったこの社に明治天皇が参拝を希望したが、**かつての逆賊の霊を天皇が拝することを慮《おもんぱか》る政府の意向を受けて、神社側が将門を封印し、**代わりに国土経営の神である少彦名命を据えたためだろう——と推測されている。憤ったのは地元の氏子たちで、これを機に例祭は衰えてしまった。

神社は大正十二年（一九二三）の関東大震災で灰燼《かいじん》に帰した。将門の祟りと噂されたが、昭和九年（一九三四）に再建され、昭和五十九年には、全氏子の要望により、将門の霊は本殿（三之宮）の祭神として復活している。

Q49 明治の神道界を二分した国家神をめぐる大論争とは？

【明治時代】

◆維新後の神道布教の拠点となった神道事務局

明治維新後、神仏分離を断行し祭政一致をめざした新政府は、仏教勢力をも取り込んだ国民の神道的教化を目的に、明治五年（一八七二）、教部省《きょうぶしょう》を設置するとともに全国の神官・僧侶を動員した神仏合同の「大教宣布《たいきょうせんぷ》運動」（「大教」とは天皇中心の神道をさす）を開始させ、翌年には、教化の拠点として東京に大教院《たいきょういん》が置かれた。

しかし、この教化運動は、立案者であった福羽美静《ふくばよししず》が失脚し、造化三神《ぞうかのさんしん》（天之御中《あめのみなか》主神《ぬしのかみ》・高御産巣日神《たかみむすひのかみ》・神産巣日神《かむむすひのかみ》）を重視する薩摩出身の神道家たち（薩摩派）が主導権を握ったために、当初から神官・僧侶の対立を抱え込むことになった。

神道側は大教院（芝・増上寺内）に神殿を設けてアマテラスと造化三神を祀り、僧侶にもその参拝を義務づけたが、これに浄土真宗の島地黙雷《しまじもくらい》ら仏教側勢力が猛反発。

◎明治の国家神論争の構図

出雲派＝オオクニヌシ

千家尊福（出雲大社宮司、出雲国造）、本居豊頴（本居宣長の曾孫）、平田篤胤系の神官ほか

伊勢派＝アマテラス

田中頼庸（伊勢神宮宮司、旧薩摩派）、浦田長民（伊勢神宮少宮司、旧津和野派）ほか

対立！

神道事務局の神殿に幽冥界の主宰者オオクニヌシも合祀することを主張

神道事務局の神殿にアマテラスと造化三神を祀ることを主張

明治14年（1881）、勅裁にもとづいて、神殿は宮中（主祭神はアマテラス）の遙拝所となる（実質的には伊勢派の勝利か）

出雲派のリーダー、千家尊福（1845～1918）。論争後は出雲大社宮司を辞し、政界に入って貴族院議員、埼玉県・東京府の知事などを務めた。男爵に列せられている。

大教宣布運動に亀裂が入り、明治八年には真宗は大教院から分離した。そこで政府は神仏合同の布教活動をあきらめ、大教院を解散し、神道・仏教各宗派はそれぞれで教化活動を行うことになった。そして神道側勢力が、大教院に代わるものとして新たに設立したのが、東京・日比谷に置かれた神道事務局で、ここは国民の神道的教化のための半公的な中央機関に位置づけられた。

◆表面化したアマテラス＝伊勢派と、オオクニヌシ＝出雲派の対立

しかし、神道事務局が成立する頃には薩摩派は衰退していて、主導権を握ったのは、伊勢神宮の宮司《ぐうじ》を務める田中頼庸《よりつね》を中心とする伊勢派の神道家たちだった。したがって、伊勢神宮を神道・神社の中心として国民教化運動にあたることが目標に掲げられ、神殿に祀られたのはアマテラスと造化三神であった。

すると、明治十三年、神殿が新築されたことにともない、その祭神にオオクニヌシをも加えるべきだという声が強くあがった。主唱者は出雲大社宮司・出雲国造《いずもこくそう》の千家《せんげ》尊福《たかとみ》で、平田《ひらた》篤胤《あつたね》の神道神学（154ページ参照）を継承する尊福は、出雲大社の祭神オ

オクニヌシは幽冥界の主宰者であると説き、国作りを行った大地の支配者でもあるオオクニヌシの神徳を強調して、アマテラスよりも先にオオクニヌシを崇敬すべきだと主張した。しかし田中側はこれに反対。以後、田中を中心とするアマテラス＝伊勢派と、尊福を中心とするオオクニヌシ＝出雲派による祭神論争が表面化し、**全国の神職を巻き込んで、「国家神はアマテラスか、オオクニヌシか」という大論争に発展した。**

当初は平田派の神官の支持を得て出雲派が優位に立ったが、伊勢派の働きかけで政府がこの問題に介入、明治十四年二月、勅命により全国の有力神官たちが集まって「神道大会議」が開かれた。終了後、太政大臣《だじょうだいじん》の三条実美《さんじょうさねとみ》が、明治天皇の勅裁として、神道事務局の神殿は「宮中に斎《いつ》き祀られる神霊の遥拝《ようはい》に奉仕すること」と公表した。つまり、神道事務局の神殿については祭神を特定せず、その代わり、そこを宮中の遥拝所と定めたのだ。では宮中に祀られる神霊とは何かというと、神鏡（アマテラス）、天神地祇《てんじんちぎ》、歴代皇霊《れきだいこうれい》をさし、アマテラスを主とする。このため、勅裁は出雲派を退けて伊勢派を可とするものとも受け止められた。明治神道界を揺るがしたこの祭神論争は、ある面では、伊勢派と出雲派の勢力争いの様相も呈していたのである。

Q50 古代朝鮮の始祖檀君はスサノオだった?【大正時代】

◆ソウルに「半島の総鎮守」として創建された朝鮮神宮

明治時代なかば、朝鮮半島に日本人が多く住むようになると、現地に「半島の総鎮《そうちん》守《じゅ》」となる神社を創建しようという話が湧《わ》き起こり、大正八年（一九一九）には内閣告示でそのことが正式に決定した。こうして大正十四年にソウルの南山《ナムサン》に創建されたのが朝鮮神宮で、祭神はアマテラスと明治天皇だった。昭和戦前に次々に建立された海外神社のひとつである。ところが、朝鮮神宮の祭神については、当初、この二神ではなく檀君《だんくん》をあてるべきだ、という声が民間からあがって、議論が沸騰し、ついには帝国議会での審議にまで及んだことがあった。

檀君とは、古代朝鮮の伝説上の始祖で、朝鮮の史書『三国遺事《さんごくいじ》』（十三世紀）には、天帝桓因《かんいん》の子桓雄《かんゆう》が天符印三つを父から授かって下界の山頂に降臨し、熊から人間に

▲大正 14 年（1925）、ソウルの南山に朝鮮半島の総鎮守として創建された朝鮮神宮の参道。祭神はアマテラスと明治天皇で、社格は官幣大社。昭和20年(1945)、日本の敗戦によって廃止された。

◀古代朝鮮の伝説上の始祖、檀君。昭和戦前の日本においては、スサノオと同一視する見方があった。

化した女を妻として檀君が生まれ、檀君は平壌《ピョンヤン》を都にして国を開き、千五百年にわたって国を治めた、という神話が記されている。朝鮮神宮の祭神に古代朝鮮の国祖である檀君の名が挙がったのは、至極当然のように思う人もいるかもしれない。だが、じつは檀君が祭神に推されたのは、当時の人々が、彼をスサノオと同一視していたせいでもあった。つまり、古代朝鮮は檀君＝スサノオが建国したのだから、その総鎮守には当然、スサノオを祀るべきだというのが、檀君派の論法だったのである。

◆江戸時代からあった「スサノオの原郷は半島」説

スサノオの原郷を朝鮮半島とする説は、日本ではすでに江戸時代から唱えられていた。国学者の谷川士清《たにかわことすが》は、『日本書紀』欽明《きんめい》天皇十六年二月条に記された「建邦神」とは百済《くだら》の建国神で、スサノオであるとし（『日本書紀通証』）、ほぼ同時代の考証学者藤貞幹《とうていかん》は、スサノオは新羅《しらぎ》国二代目の王「次次雄」であると主張した（『衝口発《しょうこうはつ》』）。明治初期になると、京都八坂神社神職建内繁継編の『八坂社旧記集録』についに「スサノオは檀君である」という説が現れる。八坂神社は、明治維新前まではスサノオと同一視される牛頭天王《ごずてんのう》を祭神に掲げてきたところである。

　スサノオと半島の関係がしきりに取り沙汰されたのは、そもそも『日本書紀』神代のスサノオ出雲降臨の箇所の一書《あるふみ》に、天界を追放されたスサノオは、出雲に至る前、「新羅国の曾尸茂梨《ソシモリ》の地に天降った」とする記述があるからである。ソシモリの語義については、朝鮮語の「都城（ソフル）」、「牛の頭（ソモリ）」、新羅の地名などとする説があって、古くから論議されているが、定説はいまだみられないようだ。

　そして、朝鮮神宮創建にあたって檀君＝スサノオ説を強く主張したのは、アマテラスよりもスサノオ→オオクニヌシの神統を重視する平田篤胤の神学に影響を受けた人々だった。したがって、**朝鮮神宮の祭神論争は、アマテラス＝伊勢派とスサノオ→オオクニヌシ＝出雲派の対立の延長線上にあったともみることができる。**

　結局、論争はアマテラス側の勝利に終わったが、大正二年に創祀された朝鮮江原道春川の江原《こうげん》神社は、当初はアマテラスと明治天皇を祭神としていたが、昭和十三年（一九三八）になってスサノオが合祀《ごうし》された。同地にある牛頭山が「曾尸茂利」と解され、スサノオの降臨地に比定されたためであった。

Q51 スサノオを崇めた大本教は、なぜ弾圧されたのか？

【大正〜昭和戦前時代】

◆スサノオをアマテラスより上位とみた王仁三郎

出口《でぐち》ナオ（一八三六〜一九一八）とその娘婿の王仁三郎《おにさぶろう》（一八七一〜一九四八）を教祖とする神道系新宗教の大本教《おおもときょう》は、ナオに憑依《ひょうい》してお筆先を書かせる救世神「艮《うしとら》の金神《こんじん》」を、記紀神話に登場する国常立尊《くにとこたちのみこと》と読み替えることで教義を調え、信者を増やし、知識人や著名人も教団に取り込んで、発展していった。

しかし、その教勢の急拡大はさまざまな形で社会との軋轢《あつれき》を生み、大正十年（一九二一）と昭和十年（一九三五）、王仁三郎をはじめとする幹部が検挙され、官憲による大規模な弾圧が行われた（大本事件）。この二つの事件は、戦前の宗教弾圧の代表例とされている。なぜ、大本教に対してはげしい国家弾圧が行われたのか。ひと口にいえば、膨張を続ける教団の活動が反国家的な社会運動とみなされたからということ

◎大本事件の概要

第一次大本事件（1921年）

大正10年（1921）2月、不敬罪・新聞紙法違反により、出口王仁三郎ほか、大本教幹部が一斉に検挙される。10月、王仁三郎、懲役5年の判決下る（ただちに控訴）。同月、京都府綾部の大本教神殿が官憲により取り壊される。昭和2年（1927）5月、大赦令により、王仁三郎免訴となる。

第二次大本事件（1935年）

昭和10年（1935）12月、王仁三郎ら大本教幹部30名が検挙され、翌年起訴。15年2月、王仁三郎、治安維持法違反・不敬罪として無期懲役となる（ただちに控訴）。17年7月、治安維持法違反は無罪となり、懲役5年に軽減。20年9月、大審院により大本側の上告は棄却されるも治安維持法違反の無罪確定。10月、大赦令で不敬罪も消滅。

▲弾圧により破壊された大本教の月宮殿（亀岡、昭和10年）。
◀スサノオに扮した王仁三郎。

になるだろうが、そこには、王仁三郎特有の神学の問題も深くからんでいた。

大本教は、当初は艮の金神＝国常立尊を主神としたが、明治後期頃から、王仁三郎は記紀神話を多様に解釈し、従来悪神とみなされがちであったスサノオの神徳を強調するようになる。この時期に著した小文集『道の栞《みちのしおり》』（一九〇四年）によれば、高天原《たかまのはら》から追放後、祓《はらえ》を行ったスサノオは、「罪を残らず我身に引き受けて、世界の人の罪を償《あがな》い玉《たま》う」神であり、天帝に万物の救済を任された「瑞《みず》の御霊《みたま》」だという。

大正十年から口述をはじめた『霊界物語』では、スサノオは「父伊邪那岐大神《いざなぎのおおかみ》より、大海原なる大地球の統治権を附与されて、天下に君臨し玉ふべき」（第十一巻）神とされ、スサノオは「主《す》の神」であり、救世神でありミロク大神であると明記されている。そして、スサノオは神格の一部を分けて天照大神《あまてらすおおみかみ》として天界を主宰させ、自らはこの大地を主宰している、という解釈も示している。

◆スサノオの化身を自認した王仁三郎

王仁三郎は、自分をスサノオの化身とみなしていたらしい。第一次大本事件で検挙後の精神鑑定の中で、「お前の霊を書け」という質問に対し、彼は「神道の方で云へば神素盞嗚命《すさのおのみこと》」と書いているのだ（出口和明「スサノオ考」、『予言と神話』所収）。

王仁三郎がスサノオに傾斜していった契機のひとつとして、明治三十四年（一九〇一）に、ナオと大本の幹部たちとともに行った出雲大社への参詣を挙げる見方がある（原武史『出雲という思想』）。このとき彼らは、ナオのお筆先に従って、出雲国造《こくそう》家に代々受け継がれてきた神火と、神に供える井戸の清水と、社殿下の土をもらい受け、教団の本部がある京都・綾部《あやべ》に持ち帰った。出雲大社の祭神はオオクニヌシだが、その親神がスサノオであり、中世においては大社はスサノオを主祭神に据えていた。つまり、王仁三郎は、スサノオ→オオクニヌシの神統を重視する出雲寄りの神道家たちの系譜に属していたとみることができる。

王仁三郎の神観は重層的で、安易に断じ得るものではないが、**彼のスサノオ論に、記紀神話にもとづく伊勢と皇室のアマテラスの権威を否定し、アマテラスを中心とする国家神道に対抗するものとして受け止められうる余地があったことは、**事実である。そこに、大本教が危険視され、異端とされた淵源があったといえよう。

Q52 敗戦直前の時期に謎の神示を発した天之日津久神とは？

【昭和時代】

◆軍人らが衆視のなか自動書記ではじまった「日月神示」

太平洋戦争末期の昭和十九年（一九四四）四月、東京・原宿のとある屋敷で、古代史研究者、軍人ら十数名の人間が集まって「扶乩《フーチ》」という中国式神霊術の実演が行われていた。司会役を務めたのは、当時、千駄ヶ谷の鳩森《はとのもり》八幡神社の留守神主をしていた岡本天明《おかもとてんめい》（一八九七～一九六三）で、大本《おおもと》教に奉仕していたこともある人物である。

実演がはじまると「ひつく」という文字が自動書記によって占い出された。これは神名をさしているのだろうということになったが、千葉県印旛《いんば》郡公津《こうづ》村台方《だいかた》（現・成田市台方）の式内社麻賀多《まかた》神社の末社に「天之日津久《あめのひつく》神社」があることを知った岡本は、六月十日、この神社に参拝した。

すると岡本は神憑《かみがか》り状態になり、手が勝手に動き出して、自動書記をはじめた。こうして書き出されたのが「日月神示《ひつきしんじ》」と呼ばれるもので、以後、十六年にわたって岡本は間歇的に自動書記を続けている。「日月神示」の原文は、数字・かな・記号などで構成されるもので、一見意味不明だが、岡本はこれを独自に解読していった。

たとえば、神示の冒頭の一行目は、原文では「二二八八れ十二ほん八れ ⦿の九二のま九十の⦿のちからをあら八す四十七れる」だが、これは「富士は晴れたり日本晴れ。神の国のまことの神の力をあらわす代となれる」と読むのだという。

「日月神示」には予言的な言葉が含まれていたことから、一部で注目をあび、戦後の昭和二十二年には「日月神示」を聖典とする宗教法人ひかり教会が設立され、翌年岡本が会長に就いた。「日月神示」は、アカデミズムの世界ではほぼ無視されているが、現在でもカルト的な人気があり、解説書・研究書は多数刊行されている。

ところで、麻賀多神社は、社伝によれば、応神《おうじん》朝に初代印波《いんばの》（印旛）国造《くにのみやつこ》の伊都《いつ》許利命《こりのみこと》が五穀神の麻賀多大神を奉斎したのにはじまり、現在は祭神を稚産霊命《わくむすひのみこと》とする。『日本書紀』に臍から五穀を生んだとされている神だ。だが、**天之日津久神の神名は記紀やその他の神典類にはみえず、天之日津久神社の来歴も不明である。**

Q53 昭和天皇が敗戦直前にすがった神とは？ 【昭和時代】

◆『昭和天皇実録』で公開された戦時下の「御告文」

昨年（二〇一四年）九月、宮内庁編纂の『昭和天皇実録』の内容が公開された。歴史を塗り替えるような新事実は記載されていないという評価が大方だが、そうしたなかでも話題を呼んだことのひとつに、昭和天皇が戦中期に神前で奏した、戦勝を祈願する「御告文《おつげぶみ》」（一般の祝詞《のりと》に相当するもの）の原文の初公開がある。

たとえば天皇は、昭和十六年（一九四一）十二月八日の太平洋戦争開戦の翌日に、皇居の宮中三殿《きゅうちゅうさんでん》に拝礼し、早速御告文を奏している。この中で天皇は三殿の神霊に対して、自分は協調外交に務めてきたがその甲斐なく日ごとに「風荒《すさ》み浪高く」なり、ついには我が国に危難が及びそうになったので、やむなくアメリカ・イギリスと戦争を開くことになってしまった、と説明し、さらに「海に陸に空に射向《いむか》ふ敵等を速《すみやか》に伐《きり》平《たい》らげ」させて、皇国の御稜威《みいつ》を輝かせてくださいと祈っている。
翌年十二月十二日、天皇は伊勢神宮に詣でているが、このときは内宮《ないくう》でアマテラスに対して御告文を奏している。ここでは、開戦以来の戦果をアマテラスのおかげと感謝し、「皇軍の行手を弥益々《いやますます》に守幸《まもりさち》はへ給ひて、速《すむや》けく敵等を事向《ことむ》け（服従）」させて下さいと祈っている。興味深いことに、敗戦後の昭和二十一年一月十三日、この参宮を回顧した天皇は、侍従の木下道雄に「伊勢神宮は軍の神にはあらず平和の神なり。しかるに戦勝祈願をしたり何かしたので御怒りになったのではないか」（『側近日誌』）と語ったという。御告文の文面自体は天皇が書き起こしたものではないだろうが、昭和天皇の神祇観をうかがわせるエピソードではある。

敗色濃厚となった昭和二十年七月三十日、天皇は九州の宇佐《うさ》神宮に勅使を送り、敵国の撃破と日本の苦難の祓除《ばつじょ》を祈念させている。勅使は三日後に香椎宮《かしいぐう》へ参向。『実録』は、これらは十年に一度の恒例のものと説明するが、通常なら十月に行われるはずのものだった。宇佐神宮は新羅《しらぎ》を征討した神功《じんぐう》皇后と軍神八幡神《はちまんしん》を、香椎宮は神功皇后を祀る。**敗戦必至の状況下、神に祈る天皇の姿がここにうかがえる。**

Q54 戦後、なぜアマテラスは女教祖たちに憑依したのか？

【昭和時代】

◈アマテラスとの合一を果たした天照皇大神宮教の北村サヨ

昭和の敗戦で国家神道が解体すると、新宗教が雨後の筍《たけのこ》の如く簇生《そうせい》したが、そのなかでも花形と目されたのが、山口県出身の北村サヨ（一九〇〇～六七）を教祖とする天照皇大神宮教《てんしょうこうたいじんぐうきょう》だ。この教団が世間の注目を浴びたのは、何と言っても、サヨと信者たちが街頭でユニークな踊りを披露したからだろう。手足を思い思いに動かす踊りは「無我《むが》の舞」と呼ばれ、神人感応の状態にあることを示し、さらにサヨは、踊りに加えて「歌説法」を何時間も続けて行った。昭和二十三年（一九四八）頃からは天照皇大神宮教は「踊る宗教」とジャーナリズムにもてはやされるようになって有名になり、信者も急激に増え、教祖による海外巡教も行われたほどだった。

農婦だったサヨが信仰の世界に深入りするようになったきっかけは、昭和十七年の

「無我の舞」を踊りつつ、歌説法を行う天照皇大神宮教の教祖・北村サヨ。「踊る宗教」としてマスコミの話題をさらった（1948年／毎日新聞社提供）。

神前に立つ璽宇の教祖・璽光尊。アマテラスの神霊が、皇位とともに昭和天皇から自分に移ったと主張し、戦後のマスコミを賑わせた。

自宅の火事。このとき相談した祈禱師《きとうし》に「丑《うし》の刻参《こくまい》りを続ければ犯人がわかる」と言われて実践すると、昭和十九年に腹の中に何者かが入って語り掛けるという神秘体験をする。やがて腹の中の者は、自ら宇宙絶対神の「天照皇大神《てんしょうこうたいじん》」であることを明かした。翌年七月からはサヨは自宅に人を集めて説法を開始し、敗戦直前の八月十二日には、天照皇大神が自分に降臨して神人合一を果たしたと自覚するにいたる。

サヨによれば、天照皇大神とは皇大神という男神と女神の天照大神が一体となったもので、教団名もこれに由来する。それは国家神道下のアマテラスを超克したような神格であり、戦後の教団の急拡大は、アマテラスの末裔である昭和天皇が「人間宣言」（昭和二十一年一月）をして自らの神格性を否定したことと絶妙に連動していた。

◈昭和天皇の「人間宣言」後、皇位が自分に移ったと主張した璽光尊

同じく終戦直後、「天変地異が起こる」などという終末的な予言を行って世間をにぎわせた女教祖もいた。璽宇《じう》という教団を率いた璽光尊《じこうそん》（本名・長岡良子《ながこ》、一九〇三～八三）である。

璽宇は戦前に創立され、璽光尊は教祖としては二代目にあたる。璽宇は皇室崇拝の立場をとっていたが、終戦二カ月前ぐらいから璽光尊は自分が救世神であるとの自覚をもつようになり、昭和天皇が「人間宣言」をすると、自分こそが神性をそなえた真正の天皇であると確信し、天照大神が天皇の身体から自分に移り、皇位もまた自分に移ったと主張、みずから「神聖天皇」と名乗った。そして、璽宇本部を皇居と呼び、私製の紙幣を発行したり予言を行ったりと、奇矯な言動を続けてマスコミの格好の餌食となる。しまいには、GHQ最高司令官マッカーサーに神示《しんじ》を下し、「参内《さんだい》」を命令。結局危険視され、昭和二十二年一月に警察に検挙されたが、璽光尊は精神鑑定の結果、誇大妄想症と診断されて釈放されている。

璽光尊もまた、北村サヨと同様に、国家神道下の「アマテラス」を我流で乗り越えようとしたといえるだろう。あるいは、彼女たちは、天皇に代わって敗戦後の日本を至高神「アマテラス」の神意にもとづいて救済しようとする世直しのあつい思いに駆られていた——という言い方もできそうである。神々と日本人の葛藤が織り成すドラマは、日本史の陰画であり、そしてまた時代の奇《く》しき肖像でもあるのだろう。

神様のトリビア❹

「軍神」第一号となった広瀬中佐

「軍神《ぐんしん》」といえば「武運を司《つかさど》る神」の意で、八《はち》幡神《まんしん》や神功《じんぐう》皇后の名がまずは挙がる。しかし、この語にはもうひとつ別の意味がある。近代の日露戦争以降、「戦争で勇敢な死を遂げた軍人」が「軍神」と呼ばれて尊敬を集めたからだ。このタイプの軍神第一号は、海軍の広瀬《ひろせ》武夫《たけお》中佐である。明治元年（一八六八）生まれの広瀬は、明治三十七年日露戦争に出征、旅順《りょじゅん》港閉塞作戦で福井丸を指揮した。敵の魚雷を受けて船が沈没してゆくなか、広瀬はギリギリまで行方不明の部下を探し続ける。しかし、ボートで船を離れて退却するときに頭部に被弾、戦死した。

広瀬は決して華々しい戦果を挙げたわけではないが、最後まで部下を思いやったことが多くの人の共感を呼び、軍人の鑑《かがみ》と称され、まもなく「軍神」と唱える人も現れた。明治四十三年には、海軍兵学校の同期らが発起人となって、東京・万世橋《まんせいばし》駅前に、高さ三・六メートルの巨大な銅像（右写真）が民間資金で建立され、昭和十年（一九三五）には故郷の大分県竹田に広瀬神社が創建された。だが、敗戦後の昭和二十二年、万世橋の銅像は撤去。占領軍の指示ではなく、日本側の判断であった。

資料編◉日本の神様を知るための古典ミニガイド

古事記　こじき

元明《げんめい》天皇の和銅《わどう》五年（七一二）撰上。巻頭の序文によれば、天武《てんむ》天皇の命で舎人《とねり》の稗田《ひえだの》阿礼《あれ》が「帝紀《ていき》」と「旧辞《きゅうじ》」を誦習《しょうしゅう》したものを、のちに、元明天皇の命により太安万侶《おおのやすまろ》が筆録した。帝紀は歴代天皇の系譜、旧辞は神話・伝説・歌謡などを中心とした伝承を記したものとするのが定説（いずれも現存しない）。全三巻で、上巻は神話、中・下巻は初代神武《じんむ》～第三十三代推古《すいこ》天皇までの出来事を記す。『日本書紀』に比して国内向けに書かれたと考えられている。

日本書紀　にほんしょき

元正《げんしょう》天皇の養老《ようろう》四年（七二〇）撰上。天武天皇皇子の舎人《とねり》親王らが中心になって編纂された。全三十巻で、最初の二巻に神話（神代）が記され、以下の巻では初代神武～第四十一代持統《じとう》天皇までを記す。漢文体で書かれ、国外を意識して編まれたと考えられる。『古事記』と異なり、神代巻では本文の他に、異伝（一書《あるふみ》）が豊富に併記されている点が注目される。日本最初の正史。

風土記　ふどき

和銅六年（七一三）の元明天皇の詔《みことのり》によ

って諸国で編纂された官撰の地誌。大半が散逸し、現存するのは『出雲《いずも》国風土記』『播磨《はりま》国風土記』『常陸《ひたち》国風土記』『豊後《ぶんご》国風土記』『肥前《ひぜん》国風土記』で、完本が現存するのは『出雲』のみ。この他に諸書に引文された逸文がある。各地に残された神話や伝承が断片的に記載されている。

古語拾遺　こごしゅうい

大同《だいどう》二年（八〇七）、斎部広成《いんべのひろなり》により撰上。広成は中臣《なかとみ》氏とともに古来朝廷の祭祀を司《つかさど》ってきた斎部（忌部）氏の人で、平城《へいぜい》天皇の召問を機に、祭祀の根源を記すものとして本書を作成。神代以来の歴史を記し、記紀にはみられない神話・古伝承を含むことから貴重な資料となっている。

新撰姓氏録　しんせんしょうじろく

弘仁《こうにん》六年（八一五）、桓武《かんむ》天皇皇子の万多《まんだ》親王らによって撰上。平安京・畿内に居住する古代氏族の系譜を記録したもの。全三十巻だが、完本は伝わらず、現存するのは抄録本。一一八二の氏族の系譜が、皇別《こうべつ》（歴代天皇の後裔氏族）、神別《しんべつ》（天神地祇の後裔氏族）、諸《しょ》蕃《ばん》（渡来系氏族）に大別されて列挙されている。古代氏族とその氏神の関係を探るうえで重要な資料。

先代旧事本紀　せんだいくじほんぎ

序文には聖徳太子と蘇我馬子《そがのうまこ》が推古天皇の命で撰したとあるが、平安時代初期（九世紀後半）、物部《もののべ》氏の人間によって編まれたと推測されている。全十巻で、巻一～六は神代に関する記事、巻七～九は神武～推古天皇の歴史、巻十は各地の国造《くにのみやつこ》の始祖を記す。記紀と重複する内容も多いが、神代の系譜・降臨伝承・祭祀や神宝をめぐる伝承などについて独自の記述を含む。

延喜式神名帳　えんぎしきじんみょうちょう

延喜五年（九〇五）から編纂され、康保《こうほう》四年（九六七）から施行された全五十巻の法典『延喜式』のうちの「神名」の巻のこと。祈年祭の折に朝廷から奉幣にあずかる神社すなわち官社にあたる全二八六一社（三一三二座）を国郡別に記す。ここに記された神社は式内社《しきないしゃ》と呼ばれ、由緒ある神社とされた。ただし、祭神名は記されていない。また、『延喜式』には祭祀の規定や祝詞《のりと》なども記されていて、古代の神祇祭祀を知るうえでの基礎的な資料となっている。

神道五部書　しんとうごぶしょ

中世に勃興した伊勢神道の根本教典で、鎌倉時代に、伊勢の外宮《げくう》の神官度会行忠《わたらいゆきただ》らによって撰述されたものと考えられ、以下の五書からなる。『御鎮座次第記《ごちんざしだいき》』『御鎮座伝記』（いずれも伊勢両宮の鎮座の経緯を記す）、『御鎮座本紀』（内宮《ないくう》と外宮の関係を述べる）、『宝基本記《ほうきほんき》』（伊勢両宮の造宮と殿舎の形態などを記す）、『倭姫命世記《やまとひめのみことせいき》』（伊勢国に内宮を定めた倭姫命の一代記）。外宮の祭神豊受《とようけの》大神《おおかみ》を重視する傾向があるが、神宮に関する古伝・古縁起を含み、中世神話の貴重な宝庫でもある。

【主要参考文献】

國學院大學日本文化研究所編『神道事典』弘文堂／谷川健一編『日本の神々』（全十三巻）白水社／山折哲雄編『稲荷信仰事典』戎光祥出版／真弓常忠編『祇園信仰事典』戎光祥出版／大林太良編『スサノオ信仰事典』戎光祥出版／岡田莊司編『日本神道史』吉川弘文館／伊藤聡『神道とは何か』中公新書／飯沼賢司『八幡神とはなにか』角川ソフィア文庫／石川一良編『日本精神史』ぺりかん社／上山春平『神々の体系』中公新書／神田千里『宗教で読む戦国時代』講談社／黒川柚月『岡本天明伝』ヒカルランド／斎藤英喜『アマテラス』学研新書／斎藤英喜『陰陽師たちの日本史』角川選書／佐伯有清『円珍』吉川弘文館／佐藤弘夫『アマテラスの変貌』法蔵館／佐藤弘夫『神国日本』ちくま新書／島田裕巳『天理教』八幡書店／新谷尚紀『伊勢神宮と出雲大社』講談社／新谷尚紀『伊勢神宮と三種の神器』講談社／筑紫申真『アマテラスの誕生』講談社学術文庫／原武史『〈出雲〉という思想』講談社学術文庫／福永光司他『日本の道教遺跡』朝日新聞社／藤巻一保『第六天魔王信長』学研M文庫／松前健『日本の神々』中公新書／松前健『日本神話の謎』大和書房／松前健『日本の神話と古代信仰』大和書房／三品彰英『増補・日鮮神話伝説の研究』平凡社／宮田登『江戸の小さな神々』青土社／村上重良『天皇制国家と宗教』講談社学術文庫／森浩一『記紀の考古学』朝日文庫／山下克明『陰陽道の発見』NHKブックス／山田永『「作品」として読む古事記講義』藤原書店／山田雄司『跋扈する怨霊』吉川弘文館／山本ひろ子『中世神話』岩波新書／霊界物語研究会編『予言と神話』八幡書店／和田萃『日本古代の儀礼と祭祀・信仰』塙書房／『図説・宗教と事件』（エソテリカ別冊）学研／新人物往来社編『日本のまつろわぬ神々』新人物往来社

◉監修者
新谷尚紀（しんたに・たかのり）
1948年広島県生まれ。現在、國學院大学文学部および大学院教授。国立歴史民俗博物館名誉教授・総合研究大学院大学名誉教授。社会学博士（慶應義塾大学）。早稲田大学第一文学部史学科卒業。同大学院文学研究科史学専攻博士後期課程単位取得。著書『ケガレからカミへ』（木耳社）、『なぜ日本人は賽銭を投げるのか』（文春新書）、『お葬式ー死と慰霊の日本史』、『民俗学とは何かー柳田・折口・渋沢に学び直す』（ともに吉川弘文館）、『伊勢神宮と出雲大社―「日本」と「天皇」の誕生』、『伊勢神宮と三種の神器』（ともに講談社選書メチエ）、『日本人はなぜそうしてしまうのか』（青春新書インテリジェンス）ほか

◉執筆
古川順弘（ふるかわ・のぶひろ）
1970年神奈川県生まれ。早稲田大学第一文学部卒業。宗教・歴史をメインとするライター。著書『地図とあらすじで歩く「古事記」』（新人物文庫）、『図解・ふしぎで意外な神道』（共著、学研）など

新歴史書

神様に秘められた日本史の謎

発行日　2015年6月19日　初版発行

監　修　新谷　尚紀

発行者　江澤隆志

発行所　株式会社洋泉社
〒101-0062
東京都千代田区神田駿河台2－2
電話　03(5259)0251
振替　00190-2-142410（株）洋泉社

印刷・製本　錦明印刷株式会社
組　版　キャップス

装　幀　ウエル・プランニング（神長文夫・松岡昌代）

落丁・乱丁のお取り替えは小社営業部宛
ご送付ください。送料は小社で負担します。
ISBN978-4-8003-0654-8
Printed in Japan
洋泉社ホームページ　http://www.yosensha.co.jp